แบบเรียนภาษาจีน

汉语教程 第3版
HANYU JIAOCHENG

杨寄洲 编著
จงจินต์ นิลคำแหง 泰译

第三册 上

ฉบับภาษาไทย
泰文版

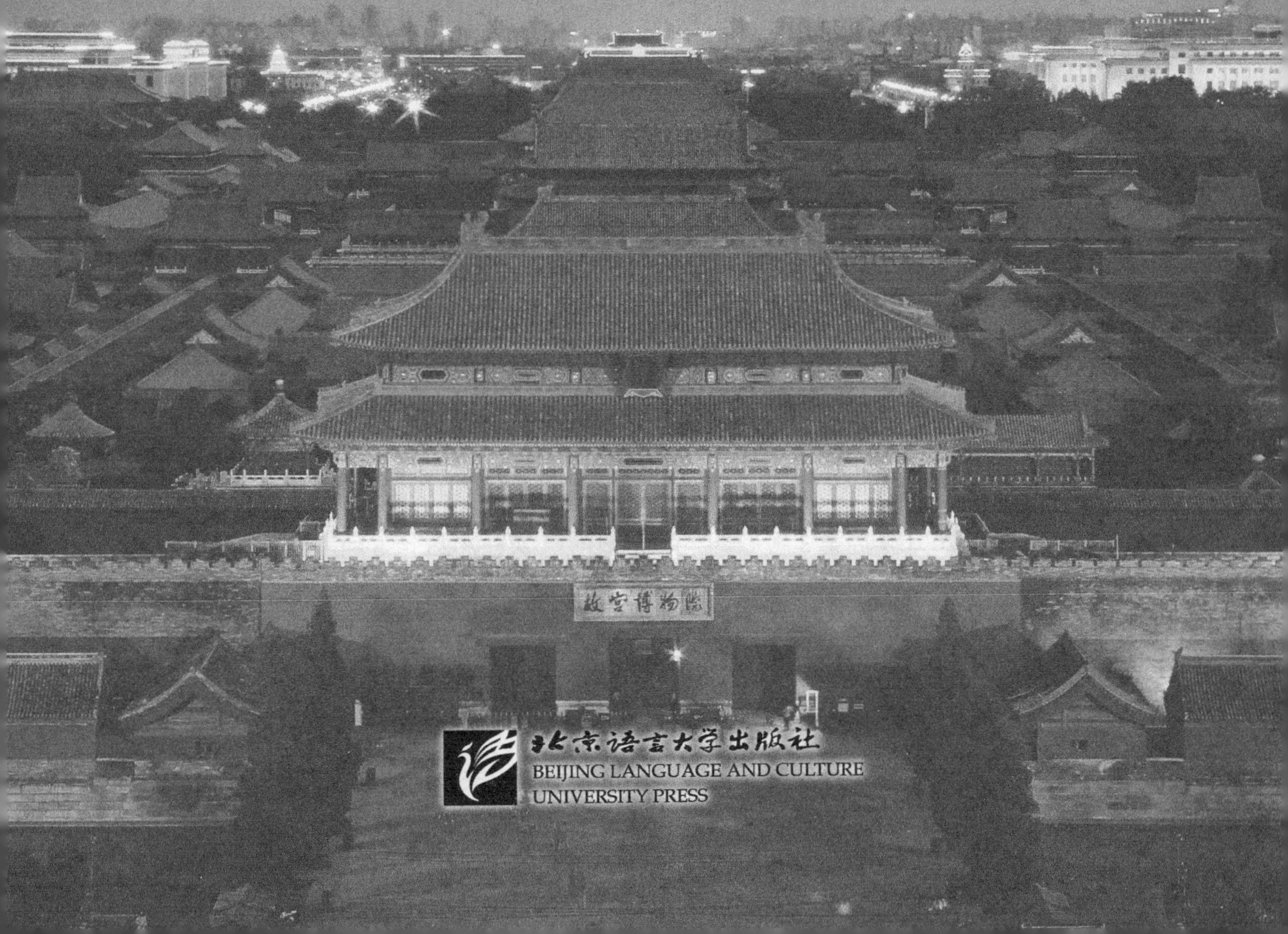

北京语言大学出版社
BEIJING LANGUAGE AND CULTURE
UNIVERSITY PRESS

© 2020 北京语言大学出版社，社图号 20076

图书在版编目（CIP）数据

汉语教程：泰文版．第3册．上／杨寄洲编著．－－3版．－－北京：北京语言大学出版社，2020.7（2025.5重印）
ISBN 978-7-5619-5684-7

Ⅰ.①汉… Ⅱ.①杨… Ⅲ.①汉语－对外汉语教学－教材 Ⅳ.① H195.4

中国版本图书馆 CIP 数据核字（2020）第 120276 号

汉语教程（第3版 泰文版）第三册 上
HANYU JIAOCHENG (DI 3 BAN TAIWEN BAN) DI-SAN CE SHANG

责任编辑：郭 冰　泰文编辑：陈仁靖　泰文审订：Maneeporn Saksoong
插图绘制：丁永寿　李慧麟
排版制作：北京创艺涵文化发展有限公司
责任印制：邝 天

出版发行：北京语言大学出版社
社　　址：北京市海淀区学院路 15 号，100083
网　　址：www.blcup.com
电子信箱：service@blcup.com
电　　话：编辑部　8610-82303647/3592/3724
　　　　　国内发行　8610-82303650/3591/3648
　　　　　海外发行　8610-82303365/3080/3668
　　　　　北语书店　8610-82303653
　　　　　网购咨询　8610-82303908
印　　刷：天津鑫丰华印务有限公司

版　　次：2020 年 7 月第 3 版　　印　　次：2025 年 5 月第 3 次印刷
开　　本：787 毫米 × 1092 毫米 1/16　　印　　张：15.25
字　　数：230 千字
定　　价：45.00 元

PRINTED IN CHINA
凡有印装质量问题，本社负责调换。售后QQ号1367565611，电话010-82303590

前　言

《汉语教程》是为来华留学和海外的汉语学习者编写的一套综合汉语教材。1999年初版，2006年再版。二十多年来，一直被国内外很多教学单位选作教材。编者满怀感恩之情，深知责任之重。

《汉语教程》出版后的二十多年来，科技快速进步，经济迅猛发展，中国社会发生了巨大的变化。教材原有的某些内容和词汇显然已经过时，亟须更新和修订，以适应教学的需要。

因此，我们在《汉语教程》2006年修订本的基础上又一次进行了修订。此次修订的原则是：

一、保持《汉语教程》原有的风貌，秉承其"好教、好学、好用"的优点。

二、以新内容和新词汇替换教材中已经过时的内容和词汇。

三、对教材中某些板块进行适当的调整和补充。

四、新增配套的《同步学习指导》，以更好地指导学习者学习、使用本教材。

第3版《汉语教程》共三册（每册含上、下两分册），76课。可供设有本科学历教育的教学单位使用一年。非学历教育的教学单位，可以根据自己的教学对象和教学目标灵活使用。

具体说明如下：

适用对象：

零起点的初级汉语水平学习者。

课时要求（以来华留学本科学历教育为例）：

第一、二册（50课）供一年级第一学期使用，其中：

第一册（25课）建议课时为：每课2学时（每学时50分钟）。

第二册（25课）建议课时为：每课4学时。

第三册（26课）供一年级第二学期使用，建议课时为：每

课6学时。

　　本教程的指导思想是，对零起点的一年级学生，以语音、语法、词语、汉字等语言要素的教学为基础，通过课堂讲练，逐步提高学生听说读写的言语技能，培养他们用汉语进行社会交际的能力，同时也为他们升入二年级打下基础。

　　第3版《汉语教程》从内容到形式都有诸多新亮点。我们追求的目标仍然是让这套已有二十多年历史的汉语教材更加"好教、好学、好用"，使其能更好地为汉语国际教育事业服务。

　　此次修订，我们在充分调研的基础上，听取了一些专家和教师的意见和建议，北京语言大学出版社也给予了大力支持，在此我们表示诚挚的感谢。

　　希望使用本教程的老师和同学们多提意见和建议，以便我们不断改进和更新。

编　者

คำนำ

หนังสือ *แบบเรียนภาษาจีน* เป็นชุดแบบเรียนภาษาจีนประเภทรวมทักษะที่เรียบเรียงขึ้นสำหรับผู้เรียนภาษาจีนในต่างประเทศและผู้เรียนที่เดินทางมาเรียนที่ประเทศจีน ตีพิมพ์ครั้งแรกในปี ค.ศ. 1999 และตีพิมพ์ฉบับที่สองในปี ค.ศ. 2006 ในช่วงเวลายี่สิบกว่าปีมานี้ ได้รับเลือกให้เป็นแบบเรียนในหลายสถาบันการศึกษาทั้งในและต่างประเทศมาอย่างต่อเนื่อง ผู้เขียนรู้สึกขอบพระคุณเป็นอย่างยิ่งและตระหนักถึงความสำคัญของพันธกิจนี้เป็นอย่างดี

ยี่สิบกว่าปีหลังจากที่ได้ตีพิมพ์หนังสือ *แบบเรียนภาษาจีน* มานี้ เทคโนโลยีต่างๆ พัฒนาไปอย่างรวดเร็ว เศรษฐกิจก็เจริญอย่างก้าวกระโดด สภาพสังคมของประเทศจีนมีการเปลี่ยนแปลงอย่างใหญ่หลวง เนื้อหาและคำศัพท์ในแบบเรียนฉบับเดิมหลายส่วนดูจะล้าสมัยไปเสียแล้ว จึงจำเป็นต้องปรับปรุงแก้ไข เพื่อให้สอดคล้องกับความต้องการในการเรียนการสอน

ดังนี้ จึงได้ดำเนินการปรับแก้อีกครั้งจากหนังสือ *แบบเรียนภาษาจีน* ฉบับปรับปรุง ปี ค.ศ. 2006 โดยครั้งนี้มีหลักในการปรับแก้คือ

1. รักษารูปแบบดั้งเดิมของหนังสือ *แบบเรียนภาษาจีน* คงหลัก "สอนง่าย เรียนง่าย ใช้ง่าย" อันเป็นจุดเด่นไว้

2. ใช้เนื้อหาและคำศัพท์ใหม่ทดแทนเนื้อหาและคำศัพท์ในบทเรียนในส่วนที่ล้าสมัยแล้ว

3. ปรับและเสริมรูปแบบบางส่วนในแบบเรียนให้เหมาะสม

4. เพิ่ม คู่มือประกอบการเรียน เข้าในชุดหนังสือ เพื่อแนะนำผู้เรียนให้เรียนและใช้งานแบบเรียนได้ดียิ่งขึ้น

หนังสือ *แบบเรียนภาษาจีน* ฉบับตีพิมพ์ครั้งที่ 3 มีทั้งสิ้นสามชุด (แต่ละชุดมีสองเล่มคือ เล่ม 1 และ เล่ม 2) รวม 76 บท ซึ่งสถาบันที่เปิดการสอนระดับปริญญาตรีสามารถนำไปใช้สอนได้หนึ่งปี ส่วนสถาบันที่มิได้เปิดเป็นหลักสูตรปริญญาบัตร สามารถนำไปปรับใช้ให้เหมาะกับกลุ่มผู้เรียนและวัตถุประสงค์การเรียนการสอนของตนเองได้

โดยมีคำชี้แจงการใช้งานดังนี้

กลุ่มผู้เรียนที่เหมาะสำหรับแบบเรียนนี้ ได้แก่ ผู้เรียนภาษาจีนระดับต้นที่เริ่มจากไม่มีพื้นฐานเลย

ระยะเวลาที่ใช้ในการเรียน (สำหรับผู้เรียนที่มาศึกษาในระดับปริญญาตรีที่ประเทศจีนเป็นอาทิ)

ชุดที่ 1 และ 2 (50 บท) ใช้สำหรับภาคเรียนที่ 1 ของชั้นปีที่ 1 โดย

ชุดที่ 1 (25 บท) แนะนำให้มีชั่วโมงเรียนเป็น บทละ 2 คาบเรียน (คาบเรียนละ 50 นาที)

汉语教程（第3版 泰文版）第三册 上

แบบเรียนภาษาจีน 3 เล่ม 1 (ฉบับภาษาไทย พิมพ์ครั้งที่ 3)

ชุดที่ 2 (25 บท) แนะนำให้มีชั่วโมงเรียนเป็น บทละ 4 คาบเรียน

ส่วนชุดที่ 3 (26 บท) ใช้สำหรับภาคเรียนที่ 2 ของชั้นปีที่ 1 แนะนำให้มีชั่วโมงเรียนเป็นบทละ 6 คาบเรียน

แนวคิดของแบบเรียนนี้ คือ สำหรับนักศึกษาชั้นปีที่ 1 ที่เริ่มต้นจากไม่มีพื้นฐานเลย จะเน้นการเรียนการสอนองค์ประกอบสำคัญต่างๆ ในภาษา อันได้แก่ การออกเสียง ไวยากรณ์ คำศัพท์และตัวอักษรจีนเป็นหลัก และพัฒนาทักษะการฟัง พูด อ่าน เขียนของนักศึกษาอย่างค่อยเป็นค่อยไป ผ่านการสอนและการฝึกฝนในชั้นเรียน เพื่อฝึกฝนให้นักศึกษาสามารถใช้ภาษาจีนเจรจาสื่อสารในสังคมได้ พร้อมกันนี้ยังเป็นการวางรากฐานสำหรับการเรียนในชั้นปีที่ 2 ด้วย

หนังสือ *แบบเรียนภาษาจีน* ฉบับตีพิมพ์ครั้งที่ 3 มีความพิเศษใหม่ๆหลายด้าน ทั้งในส่วนเนื้อหาและรูปแบบ เป้าหมายที่พวกเรายึดถือยังคงเป็นการทำให้แบบเรียนภาษาจีนซึ่งมีประวัติศาสตร์ยาวนานยี่สิบกว่าปีชุดนี้ "สอนง่าย เรียนง่าย ใช้ง่าย" ยิ่งขึ้น เพื่อให้แบบเรียนนี้ได้รับใช้กิจกรรมการเรียนการสอนภาษาจีนในนานาชาติได้อย่างดียิ่งๆ ขึ้นไป

การปรับแก้ครั้งนี้ พวกเราได้รับฟังความคิดเห็นและข้อแนะนำจากผู้เชี่ยวชาญและครูผู้สอนหลายๆ ท่าน พร้อมนำมาปฏิบัติใช้โดยอยู่บนพื้นฐานของการศึกษาวิจัยอย่างรอบด้าน ทั้งยังได้รับการสนับสนุนอย่างเต็มกำลังจากสำนักพิมพ์แห่งมหาวิทยาลัยภาษาและวัฒนธรรมปักกิ่ง พวกเราจึงใคร่ขอขอบพระคุณอย่างยิ่งมา ณ ที่นี้

หวังว่าครูผู้สอนและผู้เรียนทั้งหลายที่ได้ใช้แบบเรียนนี้จะร่วมเสนอความคิดเห็นและข้อแนะนำให้มากๆ เพื่อว่าพวกเราจะได้พัฒนาและปรับปรุงต่อไป

ผู้เขียน

致教师

《汉语教程》(第3版)第三册(上、下)共26课,供大学本科一年级下学期的来华留学生和同等水平的汉语学习者使用。

第三册的教学重点仍然是课文,其次是词语的用法。教学的主要任务是:通过课文和词语的讲练,扩大学生的词汇量,培养学生成段表达的能力,把学生听说读写的言语技能和言语交际能力提高到一个新水平。

课堂上要求学生弄懂课文的内容,课下要多读,每课课文要大声朗读10遍以上。实践证明,多数学生只要认真朗读六七遍就能够背说下来。这是课堂教学一个非常重要的目标,也是提高学生汉语表达能力的主要手段,必须严格要求,务求达到目的。

词语教学要求学生对学过的词语能够理解语义,掌握用法。达到此目的的主要手段就是多练习。本教材设计了丰富多样的练习,要求学生自己先做一遍,然后教师再带领学生共同做一遍,一方面复习,一方面检查修改学生所做练习的错误。

第三册每课的课时要求是6个学时(每学时50分钟)。当然,不同的教学单位完全可以根据自己的教学对象和教学目的灵活掌握,我们这里提的要求是针对本科生而言的。本科学历教育,如果一年级达不到规定的要求,升入二年级就可能跟不上,所以必须按照大纲的要求,完成一定的教学量。

《汉语教程》(第3版)第三册由以下几部分组成:课文、生词、注释、词语用法、练习。下面分别加以说明:

一、课文

第三册的课文以记叙文为主,内容多是反映中国当代社会生活的小故事。课文教学承担着听说读写这四项言语技能的训练任务。以下所列项目,都是围绕课文教学展开的。

二、生词

第三册（上）每课生词控制在 40 个左右，第三册（下）每课生词控制在 60 个左右，以更好地实现从一年级到二年级的过渡。第三册共出生词 1400 多个。

三、注释

注释部分主要解释课文里的一些难点。有些属于词组和短语，学生在词典里不易查到；有些属于文化背景知识。

四、词语用法

每课选了五六个重点词语，讲解它们的用法。为方便教师教学，第三册几乎每课都做了近义词语的用法对比。

五、练习

第三册的练习项目包括：回答课文问题、语音、词语、选词填空、完成句子、完成会话、连句成段、改错句、情景表达、综合填空、交际会话等。下面我们逐个介绍这些练习项目的设计目的和做法：

1. 回答课文问题

这是一个传统练习项目，也是一个课堂上最常用的行之有效的练习。为了强调课文的重要性，此项练习我们仍放在每课课文的后边。课堂上要求学生口头回答，课下则要求学生笔头回答，以培养学生写的能力。

2. 语音

这一部分包括两项内容：

一是辨音辨调。目的是让学生掌握本课所学词语的正确读音。需要说明的是，到了这一阶段，语音练习主要应该放在课文的朗读和复述上，第三册教材的语音练习仅仅是一种提示，提示大家到了这个阶段也不要忘记语音教学。实际上，最重要的是读课文，把课文读正确了，读熟了，语音问题就迎刃而解了。

二是朗读。这部分都是谚语、成语、名句、诗词等，我们当然希望学生能在老师的帮助下弄懂这些词语或句子的意思，以便引起他们朗读的兴趣，但是，教学中不必提出这样的要求，即使他们不懂这些词句的意思，只是读一读，也很好。不过，从教学实践中观察，学生们对这些词句很感兴趣，好学的学生都

主动地问老师,当他们懂了这些词语或句子的意思以后,便能认真地去读,甚至认真地去记。

3. 词语

我们把课文中出现的重要词语组成新的词组,目的是让学生以此学会组词组,在随意学习和随意记忆中扩大自己的词汇量,当然也有认读汉字的作用。

4. 选词填空

这个练习,有的课是两项。一是选择本课所学的词语,目的是复习本课所学词语,练习怎么造句;二是分辨一些近义词的意义和用法。

5. 用括号里的词语完成句子

第三册学到的重点词语,很多都是支撑一个复句的,为了练习这些词语的用法,就要给学生提供相应的语境。完成句子就是给学生提供语内语境(上文或下文),让学生根据某个词语或结构来做出另一半,能表达一个完整的意思。

6. 用括号里的词语完成会话

有些词语在交际中,不仅不可能在单句中出现,甚至也不可能在一个复句中出现,它需要更多的背景交代和铺垫,所以我们设计了这个练习,以便更合理真实地练习所学词语。

7. 连句成段

我们知道,到了短文教学阶段,教学中遇到的一个突出难题就是学生单句可能说得对,但是一旦需要连句成段时就会出错。为了逐步培养学生语段(超句子)的表达能力,我们设计了这个练习项目。这个项目是培养学生语段表达能力的一个尝试。实践证明,效果是好的。

8. 改错句

改错句是对外汉语教学不能忽视的一个重要内容。我们认为,学生应该从这些错句中领悟汉语语法和词语的用法,通过老师的指导和讲解,提高造句能力。只有认识到了错误,才能改正错误,走向正确。这一练习要求在老师的指导下做。

9. 情景表达

这个练习包括两项:

一是提供一个常用句,这个常用句是学生学过的,或者是能理解的,然后让他们说出这个句子可能是在什么时候说的、为什么说的、谁说的、对谁说的,以及说这个句子时的表情和心情等。也就是说,让学生把这个句子出现的语境说出来。这一项是重点,当然也有练习成段表达的作用。

需要提醒的是,在做本书其他练习时,也可以适当采用这种方法。由于教材篇幅的限制,例句和练习多是以单句的形式出现的,因此,让学生明白并理解这些单句的语境就十分必要。不然他们就会对如何运用这些句子进行交际感到困惑。

二是设置一定的语境,要求学生说出在这个语境中应该怎么说。这个练习比较简单,但是很有用。

10. 综合填空

这个练习的目的是培养学生对一篇文章的整体把握能力,培养学生逐步体会并掌握汉语的语感。这是比"连句成段"更进一步的练习。因为是综合性的,所以要求填写的内容除了一些已经学过的体现一定语法点的功能词以外,还有一些常用的实词,如代词、动词、形容词等。填空完成以后,就是一篇有意思的小短文。所以教师要引导学生利用这篇短文,练习阅读、朗读和复述。

11. 交际会话

这个练习是围绕当课内容,给出1~2组常见功能的交际会话示例,让学生自由习得。学生可以通过自学,理解记忆。

以下我们就《汉语教程》(第3版)第三册的课堂教学提几点建议,供老师们参考。

一、关于词语的讲练

生词处理的方法和步骤:

1. 听写生词

有的老师可能觉得一次让学生预习五六十个生词太多了。根据我们的教学实践,并不能得出这样的结论,一次预习,多次复习,对学生并没有造成太大的压力,大多数学生接受这种学习方法。

课堂上要听写生词。每个学生都有机会到黑板前边去听写,一课书有五六十个生词,可以由五六个学生来完成。每人写十来个(不要课前规定或指定）。下一课，再让另外五六个学生来听写。这样做，能把全班学生预习生词的积极性调动起来。

2. 领读生词

目的是让学生准确掌握生词的语音语调。

3. 认读生词

让学生自己认读本课的生词，要求发音正确。

4. 讲练生词

把生词组成词组或句子，大声领着全班同学说。这对老师来说就是讲，对学生来说是在理解中学习，在理解中操练。凡是课文中的重点句，在领读中，还要让每个学生都说一遍。多重复就能加深印象和记忆。

5. 词语的讲法

要讲清楚一个词的意思。这在初级阶段是很难的，一些形象词语可以借助图片、实物、动作、表情等来演示，对一些抽象词语，就要从搭配和用法上多下功夫。一个词，总有它的语用环境，词语不会孤立地存在。因为词语并不是语言交际的基本单位，所以，讲词语一定要告诉学生这个词语所在的语言环境。语言环境有语内环境，也有语外环境。在语内环境方面，主要是要讲清楚这个词前后都有什么词与之相搭配，是怎么组成一个句子的，我们课堂上对词语的处理，主要是这方面的内容。

（1）名词

要给它一个相应的量词。例如：船、彩虹，要加一个"条、道"，教学生说"一条船、一道彩虹"。还要带领学生说句子："湖中间有一条船。""天空中出现了一道彩虹。"

（2）量词

要给一个量词配以相应的名词。例如：块，要说"一块面包、一块巧克力"。

（3）动词

讲动词要同时带出与之相搭配的宾语。例如：参观，要说"参观工厂／学校／医院／博物馆"等。

（4）常见动宾式词组或离合词

要给出相应的状语。例如：打招呼，要告诉学生，不能说"打招呼朋友"，

要说"跟朋友打招呼"。打交道,要说"跟别人打交道"。毕业,可以说"大学毕业",不能说"毕业大学"。见面,要说"我去跟朋友见面",不能说"我去见面朋友"。

(5) 形容词

要给作定语的形容词一个中心词。例如:美丽,可以说"美丽的姑娘",不能说"美丽的小伙子"。漂亮,可以说"漂亮的姑娘",也可以说"漂亮的小伙子"。甜蜜,可以说"甜蜜的生活""甜蜜的爱情",不能说"甜蜜的水果"。要给作状语的形容词一个动词中心词。例如:偶然,"偶然发现""偶然遇到一个老朋友"。要给作谓语的形容词一个状语。例如:满意,"我对这里的环境很满意"。要给作宾语的形容词一个动词。例如:遗憾,"感到很遗憾"。

(6) 副词

副词在句中常常作状语,因此要给它一个相应的动词或形容词。例如:偷偷儿,"偷偷儿地走了";渐渐,"天气渐渐暖和了";一齐,"大家一齐唱""一齐读";白,"白等了一个小时"。

应该注意到,到了这个学习阶段,一些副词不仅出现在单句中,也往往支持一个复句,例如:"但凡、凡是、既、尽管、一旦、一经、一连"等,一般出现在前半句;"特地、终于、只好、尤其、不禁、不由得、却"等,一般出现在后半句;"难道"等,一般出现在反问句中。这些都是有规律可循的。

(7) 连词

很多连词连接的都是复句,这就要用例句来讲解。例如:"即使……也……、不论……都……、连……也……、再说、不过、除非、何况、可是、总之、并且"等,都要连接两个分句。"既然、即使、如果、要是、哪怕、不但"等,一般出现在第一个分句中,而"何况、以至、免得、但是、不料"等,一般出现在复句的第二个分句中。

为了增加学生的词汇量,又不增加学生的负担,课堂上要有意识地补充一些相关的词语。补充这些词语,可以使学生在轻松的气氛中不知不觉地学到一些新词。例如,学到一个形容词时,可以给出这个词的反义词。学习"粗",可以给"细"。学习"犹豫",可以给"坚决"等。同时,还可以给学生适当地扩展。例如，学习了"好看"，可以给"好听、好吃、好喝、好玩儿"等，当然也可以给"难看"。学习"亲手"，可以给"亲耳、亲口、亲身、亲笔、亲自"等。这种做法符合随意记忆的原理，可以收到意想不到的教学效果。

学过外语的人都知道，有的词费力去记却记不住，可是有的词只遇到一次不经意中就记住了，这种情况，就是随意学习、随意记忆的结果。

要用例句讲练。要让学生懂得这个例句的意思，大部分句子只要学生懂得了意思，就知道怎么用了，因为句子的语境很清楚，是学生的知识背景完全能理解的。例如："放假了，同学们都陆续回国了。"还有些句子，涉及的语境学生可能就不容易理解，除了让学生明白句子的意思以外，老师还要引导学生明白这个句子的语外环境。例如，这样一个没头没尾的句子："我这么一说，她顿时觉得不好意思起来。"这个句子不难懂，但是"我"到底说了什么？"她"为什么不好意思？都值得深入挖掘，要引导学生结合自己的生活经验，举例来充实这个句子，也就是说，要说明使用的语境。如果让学生把这个句子的使用语境说出来，不仅能培养他们用汉语思维的能力，而且也能促使他们进行成段表达，因为必须说一段话才能交代清楚这个句子应该在什么时候、什么情况下使用。

二、关于课文的讲练

课文的讲练既可以采用"听说"，也可以采用"读说"，不管哪种方法，课堂上都要落实到让学生开口说汉语这个关键环节上。

1. 听说

重点练习学生听力理解的能力。听说就是老师先讲一遍课文的故事，再提几个问题，检查学生是否听懂了。在学生听懂的基础上，可以分段复述课文。这种方法要求学生充分地预习课文的生词和语法，在上课前把课文的内容弄懂。优点是，如果能做到做好，效果明显，学生学得扎实。缺点是老师和学生都要下很大功夫，课堂教学的难度较大。

2. 读说

读说就是老师在处理完生词以后，就打开书领读课文。领读以后，先让学生找出自己不懂的地方，向老师提出质疑，老师答疑。为什么要这样做呢？目的是创造课堂交际的氛围。把讲解变成师生互动的课堂教学行为，师生之间有

真实的交际，而不是由老师一个人唱独角戏。课堂上一定要以学生为中心，由学生唱主角。老师在答疑以后，也可以就课文提出一些问题，让学生回答，检查学生对课文到底理解了没有。这就把讲解变成了师生共同参与的双向教学活动。老师的问题可以分步提问，由浅入深，逐步加深。师生在一问一答中进行课文的讲练。如果学生把老师的问题都回答对了，课文的内容也就弄懂了。课文的讲解和操练是同时进行的。然后还可以让学生读一遍或两遍课文，老师纠正学生发音、声调、语调和断句等方面的错误。这种方法适用于大多数班级。比起听说法来，这种方法比较可行。缺点是，有些学生会产生很大的依赖心理，自己不预习，单等预习好的学生提问或回答。因此，老师要避免出现课堂上只有几个学得好的学生问和答，而其他学生只做看客，似懂非懂地被动地听别的学生说。要让每个学生都提问，都回答，以尖子学生带动全班。

3. 演讲与复述

这种方法要求学生在具备一定的自学能力之后，自觉地、主动地学习。课前一定做好预习，基本上要能把课文背说下来。或者按照课文，分好角色，让学生根据自己的准备，讲一讲自己担任角色的故事。学得好的学生或想学好的学生应该采用这种方法。对学习第三册的学生来说，汉语的基本语法已经学完，课文的生词都做了翻译，重点词语也已经在课后做了解释和说明，提供了丰富的例句，完全可以借助词典，借助课文录音，自己学习。课堂上的任务就是充分地练习，检查自己预习的效果，纠正自己在课文理解或语音方面的错误。如果采用这种方法，课堂教学将是一个大的突破，教学效果将大幅度地提高。老师的任务就是组织学生演讲和相互提问，帮助理解课文内容。课堂上就是师生之间和学生与学生之间的对话，大大减少了老师讲解的量，也大大增加了学生开口说话的时间，会收到良好的教学效果。这种方法比较适合学生积极性高、学习自觉性强、能够主动地学的班。

三、关于写的建议

进入短文阶段，教师要有意识地培养学生写的能力。我们这里所说的写的训练包括：

1. 听写

要求老师每天都有课堂听写练习。听写的内容包括由本课重点词语造出的复句或课文中的某一语段。

2. 写话

（1）要求学生模仿或参照课文写一段话。例如：学习了《离家的时候》，让学生写自己离家的情景；学习了《一封信》，让学生给爸爸妈妈写一封信；学习了《恋爱故事》，让学生以故事中某个人物的口气写一段话等。

（2）要求学生写自己的故事，写自己的所见所闻、所思所想，这就是最初的创作。开始可以要求写四五句话，写一二百字，只要坚持，就能逐步提高，学生必须写自己的真情实感（不能抄写现成的文本）。最好一周能写一篇（也可采取自愿原则），写好后交给老师批改。如果学生写得有意思，还可以在课堂上进行交流，从而把写与说结合起来。

这样，就可能为学生升入二年级以后的写作打下一个好的基础。

写，也是培养学生成才的要求。我们认为，学生听懂会说固然重要，但没有一定的读写能力，是不可能成才的。因此，在提高学生听说能力的同时，必须努力加强读写能力的训练，使听说与读写相互促进，共同提高，从而最终培养出合格的汉语人才。

编　者

目 录
สารบัญ

第一课　离家的时候　เมื่อคราวจากบ้าน　　　1

　　一、课文

　　二、生词

　　三、注释

　　　　1. 说实话

　　　　2. 自由自在地去国外过一年

　　　　3. 我的眼泪也一下子流了出来。

　　四、词语用法

　　　　1. 终于 zhōngyú（副）

　　　　2. 一切 yíqiè（代）

　　　　3. 如果 rúguǒ（连）

　　　　4. 果然 guǒrán（副）

　　　　5. 对于 duìyú（介）

　　　　6. 而 ér（连）

　　　　7. 只好 zhǐhǎo（副）

　　五、练习

第二课　一封信　จดหมายฉบับหนึ่ง　　　18

　　一、课文

　　二、生词

　　三、注释

　　　　唐诗 Tángshī

　　四、词语用法

　　　　1. 靠 kào（动）

　　　　2. 分别 fēnbié（副）

3. 各 gè（代）

　　用法对比："各"和"每"

4. 表示 biǎoshì（动）

五、练习

| 第三课 | 北京的四季 | สี่ฤดูกาลของปักกิ่ง | 33 |

一、课文

二、生词

三、词语用法

　　1. 拿 ná（介）

　　2. 动词 + 下 dòngcí + xià

　　3. 动词 + 上 dòngcí + shàng

　　4. 多么 duōme（副）

　　5. 也许 yěxǔ（副）

四、练习

| 第四课 | 理想 | อุดมคติ | 46 |

一、课文

　　（一）理想

　　（二）要见彩虹

二、生词

三、词语用法

　　1. 一点儿 + 也/都 + 不/没…… yìdiǎnr + yě/dōu + bù/méi…

　　2. 当然 dāngrán（副）

　　3. 不过 búguò（连）

　　4. 简直 jiǎnzhí（副）

　　5. 从 cóng（副）

　　6. 偷偷儿 tōutōur（副）

　　7. "动词 + 着" + "动词 + 着"……

　　　　"dòngcí + zhe" + "dòngcí + zhe" …

四、练习

| 第五课 | 回头再说 | ไว้ค่อยว่ากัน | 61 |

一、课文
二、生词
三、注释
    1. 临了儿,他还送我好多书。
    2. 之后我多次提起给他书钱的事。
    3. 正在我左顾右盼的时候
四、词语用法
    1. 其实 qíshí（副）
    2. 再说 zàishuō（动）
    3. 实在 shízài（形、副）
    4. 用得着 yòng de zháo
    5. 至于 zhìyú（介）
五、练习

| 第六课 | 吃葡萄 | กินองุ่น | 76 |

一、课文
二、生词
三、注释
    1. 几年来一直半死不活的
    2. 一脸的警惕
    3. 这种葡萄好甜啊!
四、词语用法
    1. 不料 búliào（连）
        用法对比:"不料"和"没想到"
    2. 竟然 jìngrán（副）
    3. 一 + 动词 yī + dòngcí
    4. 只是 zhǐshì（副）
    5. 并 bìng（副）
    6. 一……一…… yī…yī…
五、练习

汉语教程（第3版 泰文版）第三册 上

แบบเรียนภาษาจีน 3 เล่ม 1 (ฉบับภาษาไทย พิมพ์ครั้งที่ 3)

| 第七课 | 成语故事 | นิทานสุภาษิต | 90

一、课文
　　（一）滥竽充数
　　（二）自相矛盾
二、生词
三、注释
　　1. 骗过国王
　　2. 南郭先生觉得自己再也混不下去了……
四、词语用法
　　1. 入迷 rù mí（动）
　　2. 任何 rènhé（代）
　　3. 动词 + 下 dòngcí + xià
　　4. 根本 gēnběn（副、名、形）
　　5. 为了 wèile（介）
　　　　用法对比："为了"和"为"
　　6. 不管 bùguǎn（连）
　　7. 其中 qízhōng（名）
　　8. 既然 jìrán（连）
五、练习

| 第八课 | 恋爱故事 | เรื่องเล่าความรัก | 107

一、课文
二、生词
三、注释
　　我早就料到那家伙不是好东西。
四、词语用法
　　1. 尽量 jǐnliàng（副）
　　2. 立刻 lìkè（副）
　　　　用法对比："立刻"和"马上"
　　3. 一连 yìlián（副）
　　4. 仍然 / 仍 réngrán/réng（副）
五、练习

IV

| 第九课 | 幸福的感觉 | ความรู้สึกเป็นสุข | 120 |

一、课文

二、生词

三、注释

　　希望工程

四、词语用法

　　1. 到底 dàodǐ（副）

　　　用法对比："到底"和"终于"

　　2. 算是 suànshì（动）

　　3. 曾经 céngjīng（副）

　　　用法对比："曾经"和"已经"

　　4. 原来 yuánlái（副、名）

　　5. 对……来说 duì…lái shuō

　　6. 装 zhuāng（动）

五、练习

| 第十课 | 提高自己 | พัฒนาตนเอง | 135 |

一、课文

二、生词

三、注释

　　1. 我们头儿一点儿也不把我放在眼里……

　　2. 君子报仇，十年不晚。

　　3. 我已经成公司的红人了！

四、词语用法

　　1. 弄 nòng（动）

　　2. 搞 gǎo（动）

　　　用法对比："弄"和"搞"

　　3. 甚至 shènzhì（连）

　　4. 以后 yǐhòu（名）

　　　用法对比："以后"和"后来"

V

汉语教程（第3版 泰文版）第三册 上

แบบเรียนภาษาจีน 3 เล่ม 1 (ฉบับภาษาไทย พิมพ์ครั้งที่ 3)

  5. 偶然 ǒurán（副、形）

  6. 却 què（副）

五、练习

| 第十一课 | 我看见了飞碟 ฉันมองเห็นจานบิน | 151 |

 一、课文
 二、生词
 三、注释
  飞碟
 四、词语用法
  1. 大约 dàyuē（副）
  2. 不约而同 bùyuē'értóng
  3. 只见 zhǐ jiàn
  4. 十分 shífēn（副）
   用法对比："十分"和"非常"
  5. 以为 yǐwéi（动）
   用法对比："以为"和"认为"
  6. 渐渐 jiànjiàn（副）
  7. 形容词 + 下去 xíngróngcí + xiàqu
 五、练习

| 第十二课 | 好人难当 เป็นคนดีนั้นยาก | 167 |

 一、课文
 二、生词
 三、注释
  1. 吃力不讨好
  2. 好不羡慕
  3. 心一横就上前说了
 四、词语用法
  1. 尽管 jǐnguǎn（连、副）
  2. 难免 nánmiǎn（形）

  3. 恐怕 kǒngpà（副）
   用法对比："恐怕"和"可能"
  4. 免得 miǎnde（连）
  5. 来 lái（动）
 五、练习

第十三课　百姓的话　คำของประชาชน　182

 一、课文
 二、生词
 三、注释
  1. 老大
  2. 以……为主
  3. 在家千日好，出门一时难。
  4. 我自己的事三年内不考虑。
 四、词语用法
  1. 总之 zǒngzhī（连）
  2. 总得 zǒngděi（副）
  3. 够 gòu（副、动）
  4. 哪怕 nǎpà（连）
  5. 敢 gǎn（动）
  6. 好在 hǎozài（副）
  7. 一……就是…… yī…jiù shì…
  8. 反而 fǎn'ér（副）
 五、练习

词汇表　สรุปคำศัพท์　199

| Dì-yī kè
| 第 一 课
| บทที่ 1

Lí jiā de shíhou
离 家 的 时 候
เมื่อคราวจากบ้าน

一 课文 Kèwén บทเรียน
01-1

　　我很早就希望能有机会来中国学习汉语，现在这个愿望终于实现了，心里有说不出的高兴。

　　从去年夏天起，我就忙着联系学校，办各种手续，可是，这一切都是瞒着我父母做的。我是独生女，如果把这件事告诉父母，他们多半不会同意，因此，我只跟朋友和教我汉语的老师商量，把一切手续都办好以后才告诉他们。他们听了，果然不大愿意。爸爸说："你现在的工作不是挺好吗？"妈妈说："你不打算结婚啦？"

说实话，对于将来要做什么，我还没想好。可是现在，我就是想学汉语，想到中国——这个古老而又年轻的国家去看看。我对父母说："我已经长大了，就像小鸟一样，该自己飞了。我要独立地生活，自由自在地去国外过一年，然后再考虑今后的打算。"父母知道我的性格，决定了的事情是不会改变的，而且他们也觉得我的想法是对的，就只好同意了。

妈妈要我到中国以后，每个星期都给她打一次电话。爸爸说："最好常常跟我们视频聊聊天儿，告诉我们你在中国的一切。"我答应了。临走前，他们给我买了好多东西，拼命地往我的箱子里塞。

爸爸开车把我送到机场。离别时，他远远望着我不停地挥手，妈妈也在擦眼泪。看到父母恋恋不舍的样子，我的眼泪也一下子流了出来。

到中国以后，父母总是嘱咐我要注意身体，注意安全，努力地学习，愉快地生活。

为了表达我对他们的爱和想念，也为了让他们放心，我也常跟他们说我在中国遇到的有趣的人和事，有时逗得他们哈哈大笑。

回答课文问题 ตอบคำถามจากบทเรียน

（1）"我"现在在哪儿？"我"为什么"心里有说不出的高兴"？
（2）"我"为什么要来中国？
（3）"我"办留学手续为什么要瞒着父母？
（4）父母为什么不太愿意"我"到中国来？后来为什么又同意了？

第一课　离家的时候

บทที่ 1　เมื่อคราวจากบ้าน

（5）父母对"我"提出了什么要求？

（6）请说一说你自己离家时的情况（qíngkuàng，สภาพ สถานการณ์）。

二　生词 Shēngcí　คำศัพท์　　01-2

1.	愿望	yuànwàng	（名）	ความปรารถนา
2.	终于	zhōngyú	（副）	ในที่สุด
3.	实现	shíxiàn	（动）	ทำให้เป็นจริง
4.	联系	liánxì	（动）	ติดต่อ
5.	瞒	mán	（动）	ปิดบัง
6.	独生女	dúshēngnǚ	（名）	ลูกสาวคนเดียว
7.	多半	duōbàn	（副）	มีโอกาสอย่างมากที่จะ
8.	因此	yīncǐ	（连）	ด้วยเหตุนี้ ดังนั้น
9.	果然	guǒrán	（副）	(แล้ว) ก็...จริงๆ / แล้วก็เป็นเช่นนั้นจริงๆ / ผลปรากฏว่า...จริงๆ
10.	实话	shíhuà	（名）	คำพูดตามความเป็นจริง ความจริง ความเป็นจริง
11.	对于	duìyú	（介）	สำหรับ
12.	古老	gǔlǎo	（形）	เก่าแก่โบราณ
13.	而	ér	（连）	หากแต่ แต่ก็ (สามารถใช้เชื่อมส่วนประกอบถ้อยความทั้งที่มีความหมายขัดแย้งกัน และทั้งที่มีความหมายเกี่ยวเนื่องไปทางเดียวกันด้วย)
14.	鸟	niǎo	（名）	นก
15.	独立	dúlì	（动）	ด้วยตัวของตัวเอง อิสรภาพ

3

汉语教程（第3版 泰文版）第三册 上

แบบเรียนภาษาจีน 3 เล่ม 1 (ฉบับภาษาไทย พิมพ์ครั้งที่ 3)

16.	自在	zìzài	（形）	อิสระ ไม่ถูกผูกมัด สะดวก สบายใจ
17.	国外	guówài		ต่างชาติ ต่างประเทศ
18.	考虑	kǎolǜ	（动）	คิดพิจารณา
19.	今后	jīnhòu	（名）	วันหลัง ในวันข้างหน้า
20.	事情	shìqing	（名）	เรื่อง
21.	改变	gǎibiàn	（动）	เปลี่ยนแปลง
22.	想法	xiǎngfǎ	（名）	ความคิด ความเห็น
23.	视频	shìpín	（名）	คลิปภาพเคลื่อนไหว การโทรศัพท์คุยแบบเห็นหน้า
24.	临	lín	（介）	ตอนที่ใกล้จะ... จวนจะ...
25.	拼命	pīn mìng	（副）	อย่างสุดชีวิต อย่างสุดกำลัง
26.	塞	sāi	（动）	ยัด
27.	离别	líbié	（动）	จากลา
28.	望	wàng	（动）	มอง ชะเง้อมองไกลๆ
29.	挥	huī	（动）	โบก กวัดแกว่ง
30.	眼泪	yǎnlèi	（名）	น้ำตา
31.	恋恋不舍	liànliàn-bùshě		อาลัยอาวรณ์ ไม่อยากจากกัน
32.	嘱咐	zhǔfù	（动）	กำชับ
33.	表达	biǎodá	（动）	แสดงออก แสดงให้เห็น
34.	想念	xiǎngniàn	（动）	คิดถึง ระลึกถึง
35.	放心	fàng xīn	（动）	วางใจ
36.	逗	dòu	（动）	ยั่วเย้า หยอกให้หัวเราะ
37.	哈哈大笑	hāhā-dàxiào		หัวเราะลั่น

三 注释 Zhùshì คำอธิบายประกอบ

1 说实话 พูดตามจริง

用来引出下文，说明自己真实的想法和感情。也说“说心里话”“说真的”。例如：

ใช้นำวนำเรื่องที่จะพูดต่อไป เพื่อชี้แจงความคิดและความรู้สึกที่แท้จริงของตนเอง สามารถใช้“说心里话”หรือ“说真的”แทนได้เช่นกัน อย่างเช่น

（1）说实话，今天老师讲的我有的地方没听懂。

（2）说实话，我也是第一次来这个地方。

（3）说实话，我一点儿也不想去。

2 自由自在地去国外过一年 ใช้ชีวิตในต่างประเทศอย่างมีอิสระเสรีสักหนึ่งปี

“过一年”就是生活一年。

“过一年”ก็คือ ใช้ชีวิตเป็นเวลาหนึ่งปี

3 我的眼泪也一下子流了出来。 แล้วน้ำตาของฉันก็พลันไหลออกมา

“一下子”用来作状语，表示动作很快，时间很短。强调在很短的时间内动作完成、情况出现或变化发生。例如：

“一下子”ใช้เป็นบทขยายภาคแสดง มีความหมายว่าอากัปกริยานั้นรวดเร็วมาก ใช้เวลาเพียงสั้นๆ เป็นการเน้นย้ำว่าการกระทำได้เสร็จสิ้นหรือเหตุการณ์ได้เกิดขึ้นหรือเปลี่ยนแปลงไปในช่วงเวลาเพียงสั้นๆ อย่างเช่น

（1）几年不见，他一下子长这么高了。

（2）一过“五一”，天一下子就热起来了。

（3）她没走好，一下子从楼梯上摔下来了。

汉语教程（第3版 泰文版）第三册 上

แบบเรียนภาษาจีน 3 เล่ม 1 (ฉบับภาษาไทย พิมพ์ครั้งที่ 3)

四 词语用法 Cíyǔ yòngfǎ การใช้คำ

① 终于 zhōngyú（副）ในที่สุด

表示经过较长时间的努力或等待，最后出现了某种结果。这种结果多为希望得到的。例如：

หมายถึงหลังจากการพยายามหรือการรอคอยมาเป็นระยะเวลาค่อนข้างยาวนาน ในที่สุดก็เกิดผลอะไรบางอย่าง ซึ่งผลนี้โดยมากแล้วจะเป็นสิ่งที่หวังว่าจะได้รับ อย่างเช่น

（1）我很早就希望能有机会来中国学习汉语，现在这个愿望终于实现了，心里有说不出的高兴。

（2）经过努力，他终于考上了大学。

（3）我很早就想看看长城，今天我终于看到了。

（4）她当翻译的愿望终于实现了。

② 一切 yíqiè（代）ทุกสิ่ง ทั้งหมดนี้

表示全部、各种。可以作主语、宾语、定语，经常跟"都"搭配使用。作定语修饰名词时不能带"的"。例如：

หมายถึงทั้งหมด ทุกอย่าง สามารถใช้เป็นภาคประธาน บทกรรมหรือบทขยายคำนาม โดยมักจะใช้คู่กับ "都" เสมอ เมื่อใช้เป็นบทขยายคำนามจะตามด้วย "的" ไม่ได้ อย่างเช่น

（1）从去年夏天起，我就忙着联系学校，办各种手续，可是，这一切都是瞒着我父母做的。

（2）刚来时是有很多地方不习惯，但是现在一切都习惯了。

（3）这里的一切对我来说，都是那么有趣。

（4）我一切手续都办好了，就等机票了。

③ 如果 rúguǒ（连）ถ้า ถ้าหาก

表示假设。多用于前一个分句。例如：

ใช้แสดงการสมมติ โดยมากจะวางไว้ที่ประโยคย่อยส่วนแรก อย่างเช่น

第一课　离家的时候
บทที่ 1　เมื่อคราวจากบ้าน

（1）我是独生女，如果把这件事告诉父母，他们多半不会同意。

（2）如果有问题，可以来找我。

（3）你如果想学太极拳，就去报名吧。

（4）如果有时间，我一定去中国旅行。

"如果……"后边可以加助词"的话"。例如：

ท้ายประโยค "如果……" สามารถเติมคำช่วย "的话" ลงไปด้วยได้ อย่างเช่น

（5）如果下雨的话，我们还去吗？

4 果然 guǒrán（副） (แล้ว) ก็...จริงๆ แล้วก็เป็นเช่นนั้นจริงๆ ผลปรากฏว่า...จริงๆ

表示事实跟预想的或别人说的一样。用在谓语动词、形容词或主语前。例如：

หมายถึงความเป็นจริงเหมือนกันกับสิ่งที่คาดเอาไว้หรือที่คนอื่นพูดไว้ ใช้วางไว้ด้านหน้าคำกริยา คำคุณศัพท์ที่เป็นภาคแสดงหรือด้านหน้าภาคประธานของประโยคก็ได้ อย่างเช่น

（1）我把出国留学的事告诉了父母，他们听了，果然不大愿意。

（2）听朋友说那个饭店的菜又好吃又便宜，我去吃了一次，果然不错。

（3）天气预报说今天有雨，你看，果然下起来了。

（4）大夫说吃了这种药我的病就会好的，我吃了药以后，果然病一天比一天好了。

5 对于 duìyú（介） สำหรับ

"对于"用于引进动作的对象或事物的相关者，多用在名词前，很少与动词、副词组合。例如：

"对于" ใช้นำถึงกรรมของการกระทำหรือสิ่งที่เกี่ยวเนื่องกับเรื่องราวนั้นๆ โดยมากจะวางไว้หน้าคำนาม ไม่ค่อยใช้ร่วมกับคำกริยาหรือคำวิเศษณ์ อย่างเช่น

（1）说实话，对于将来要做什么，我还没想好。

（2）对于这个问题，大家都很感兴趣。

　　　不能说：*大家都对于这个问题感兴趣。

（3）对于工作，他是很认真的。

（4）多跟中国人谈话，对于提高汉语听说能力非常有帮助。

注意：用"对于"的句子都能换用"对"；但用"对"的句子，有些不能换用"对于"。"对"直接引入的对象可以是人，而"对于"不能直接引入人。例如：

ข้อสังเกต: ประโยคที่ใช้ "对于" สามารถเปลี่ยนไปใช้ "对" ได้ แต่ประโยคที่ใช้ "对" บางประโยคไม่สามารถเปลี่ยนไปใช้ "对于" ได้ ทั้งนี้ "对" จะใช้ในการนำวานำกรรมของการกระทำที่เป็นคนเข้าสู่ประโยคได้โดยตรง แต่ "对于" ไม่สามารถใช้นำกรรมของการกระทำที่เป็นคนเข้าสู่ประโยคโดยตรงได้ อย่างเช่น

（1）大家对于这个问题的看法（kànfǎ, ความเห็น ความคิดเห็น）不一样。

可以说：大家对这个问题的看法不一样。

（2）朋友们对我很热情。

不能说：*朋友们对于我很热情。

6 而 ér（连）หากแต่ แต่ก็

"而"常见的意义和用法有两种：

ความหมายและการใช้ "而" ที่ใช้บ่อยมีด้วยกันสองลักษณะ คือ

1. 书面语。连接两个并列的形容词或形容词词组，表示互相补充。例如：

ในภาษาเขียน จะใช้ "而" เชื่อมคำคุณศัพท์สองคำหรือกลุ่มคำคุณศัพท์สองกลุ่มที่มีความสัมพันธ์แบบคู่ขนานกัน เพื่อแสดงการเสริมความระหว่างกัน อย่างเช่น

（1）可是现在，我就是想学汉语，想到中国——这个古老而年轻的国家去看看。

（2）她是一个聪明而美丽的姑娘。

2. 连接形容词、动词、小句，表示转折。用法与"但是""却"相同。例如：

ใช้เชื่อมคำคุณศัพท์ คำกริยาหรือประโยคย่อย เพื่อแสดงความหมายขัดแย้ง ใช้เหมือนกับ "但是" และ "却" อย่างเช่น

（3）这种水果好看而不好吃。

（4）我选择这家饭店，花钱少而吃得好。

（5）哈尔滨还很冷，而中国南方已经春暖花开了。

第一课　离家的时候

บทที่ 1　เมื่อคราวจากบ้าน

7 只好 zhǐhǎo（副）เลยจำต้อง จึงทำได้เพียง

表示（在某种情况下）没有别的选择，只能这样。例如：
ใช้แสดงความหมายว่า (ภายในสถานการณ์หนึ่ง) ไม่มีทางเลือกอื่นอีกแล้ว ทำได้เพียงเท่านี้แค่นั้น อย่างเช่น
（1）父母觉得我的想法是对的，就只好同意了。
（2）半路上忽然下起了雨，我没带雨伞，只好淋着雨往回跑。
（3）昨天晚上我回来时已经没有公共汽车了，只好坐出租车。
（4）我的手机摔坏了，只好再买一个。

五　练习 Liànxí　บทฝึกฝน

1 语音　ฝึกออกเสียง　🔊 01-3

（1）辨音辨调　ฝึกแยกแยะเสียง

终于 zhōngyú	充裕 chōngyù
心里 xīnli	心理 xīnlǐ
联系 liánxì	练习 liànxí
如果 rúguǒ	路过 lùguò
因此 yīncǐ	影视 yǐngshì
想念 xiǎngniàn	项链 xiàngliàn

（2）朗读　ฝึกอ่านออกเสียง

游子吟　　　　　　　　Yóuzǐ Yín

［唐］孟郊　　　　　　［Táng］Mèng Jiāo

慈母手中线，　　　　　Cí mǔ shǒu zhōng xiàn,
游子身上衣。　　　　　Yóuzǐ shēn shàng yī.
临行密密缝，　　　　　Lín xíng mìmì féng,
意恐迟迟归。　　　　　Yì kǒng chíchí guī.
谁言寸草心，　　　　　Shéi yán cùn cǎo xīn,
报得三春晖。　　　　　Bào dé sān chūn huī.

汉语教程（第3版 泰文版）第三册 上

แบบเรียนภาษาจีน 3 เล่ม 1 (ฉบับภาษาไทย พิมพ์ครั้งที่ 3)

2 词语 ฝึกอ่านคำศัพท์

实现理想	实现愿望	实现不了
改变主意	改变计划	改变想法
有联系	没有联系	联系学校
办手续	办事	办签证
临出发	临上车前	临上飞机
拼命跑	拼命学习	拼命工作
跟父母商量	跟学校商量	跟朋友商量
请放心	不放心	放不下心

3 选词填空 เลือกคำมาเติมลงในช่องว่างให้ถูกต้อง

> A. 恋恋不舍　如果　只好　果然　将来　终于　想念　联系　改变　嘱咐

（1）我早就想能有机会到长城去看看，今天这个愿望_____实现了。

（2）大学毕业以后，我和她没有_____过。

（3）_____她知道了这件事，一定会不高兴。

（4）天气预报说今天有雨，你看，_____下起来了。

（5）离开家以后，才知道我是多么_____父母。

（6）妈妈总是_____我要注意安全。

（7）我知道，如果把这件事告诉父母的话，他们多半不会同意，所以_____瞒着他们。

（8）刚到中国的时候，有好多地方不习惯，但是现在要离开了，还真有点儿_____。

第一课　离家的时候

บทที่ 1　เมื่อคราวจากบ้าน

（9）A：你＿＿＿＿＿＿打算做什么？

B：我觉得我的性格当老师比较好。

（10）世界上的一切事情都在变化中，你不觉得人的性格也会＿＿＿＿＿＿吗？

B. 着　了　的　到　给　把　好　地　下

（1）我收＿＿＿＿＿＿了她从国外寄来的礼物。

（2）下班以后，她就忙＿＿＿＿＿＿买菜、做饭。

（3）我把一切手续办＿＿＿＿＿＿以后，才告诉她我要出国，她听了以后有点儿不大高兴。

（4）妈妈要我到中国以后，每个星期都＿＿＿＿＿＿她打个电话。

（5）我很早就想爬上长城看看，今天这个愿望终于实现＿＿＿＿＿＿，心里有说不出＿＿＿＿＿＿高兴。

（6）临出发时，爸爸给我买＿＿＿＿＿＿很多东西，拼命＿＿＿＿＿＿往我箱子里塞。因为东西太多，箱子都装不＿＿＿＿＿＿了。

（7）朋友开车＿＿＿＿＿＿我送＿＿＿＿＿＿机场，离别时看他恋恋不舍＿＿＿＿＿＿样子，我的眼泪也流了出来。

（8）你知道我的性格，决定了的事情是不会改变＿＿＿＿＿＿。

C.

（1）北京烤鸭很好吃，＿＿＿＿＿＿不太贵。　　　　（而　而且）

（2）快考试了，大家都在忙着复习，＿＿＿＿＿＿麦克却旅行去了。

（而　而且）

（3）我大学毕业＿＿＿＿＿＿，还没有跟她联系过。（以后　然后）

（4）我打算明天下午先去邮局寄包裹，＿＿＿＿＿＿去银行换点儿钱。

（然后　以后）

（5）我_____先在这儿学两年汉语，然后去别的大学学习中国经济（jīngjì，เศรษฐกิจ）。　　　　　　（打算　愿意）

（6）我们打算星期天去爬山，你要是_____就跟我们一起去。
　　　　　　　　　　　　　　　　　　　　　　　　（希望　愿意）

（7）A：暑假你有什么_____？
　　　B：我还没_____好呢。　　　　　　　　　（打算　考虑）

（8）A：我_____去云南，你要是想去，咱们一起去，怎么样？
　　　B：让我_____一下儿，然后再告诉你，好吗？
　　　　　　　　　　　　　　　　　　　　　　　　（打算　考虑）

（9）科学家（kēxuéjiā，นักวิทยาศาสตร์）认为现在全球气候正在_____暖。　　　　　　　　　　　　　　　　　　　（改变　变）

（10）他们研究过了，可能要_____原来的计划。
　　　　　　　　　　　　　　　　　　　　　　　　（改变　变）

4 给括号里的词语选择正确的位置　นำคำในวงเล็บเติมลงในตำแหน่งที่เหมาะสม

（1）这 A 就是 B 我要 C 告诉你的 D。　　　　　　　　（一切）

（2）A 刚到 B 中国的时候，感到 C 都是 D 那么新鲜（xīnxiān，สดใหม่ ใหม่）。　　　　　　　　　　　　　　　　　（一切）

（3）A 那位老人 B 没走好，C 摔倒了 D。　　　　　　（一下子）

（4）我想 A 用 B 你的 C 词典 D，可以吗？　　　　　　（一下儿）

（5）A 他到 B 现在 C 还没来，D 不来了。　　　　　　（多半）

（6）他 A 想多 B 睡 C 一会儿，D 不是病了。　　　　　（就是）

（7）这一个星期 A 我就收 B 到 C 五件礼物 D。　　　　（了）

（8）我打算 A 放 B 假 C 就去南方旅行 D。　　　　　　（了）

第一课　离家的时候

บทที่ 1　เมื่อคราวจากบ้าน

5 用括号里的词语完成句子 ใช้คำในวงเล็บเติมประโยคให้สมบูรณ์

（1）刚来的时候我很不习惯，老师说，过一两个月就好了。现在，一个多月过去了，＿＿＿＿＿＿＿＿＿＿＿＿＿＿＿＿＿＿。（果然）

（2）大夫跟我说，坚持打一年太极拳，我的病就会好的。你看，我才打了半年，＿＿＿＿＿＿＿＿＿＿＿＿＿＿＿＿＿＿。（果然）

（3）那天，我迷路（mí lù, หลงทาง）了，＿＿＿＿＿＿＿＿＿＿＿＿＿＿＿＿＿＿＿＿＿＿＿＿＿＿＿＿＿＿＿。（只好）

（4）你看她的样子，＿＿＿＿＿＿＿＿＿＿＿＿＿＿＿＿＿＿。（多半）

（5）玛丽病了，同学们都来看她，＿＿＿＿＿＿＿＿＿＿＿＿＿＿＿＿＿＿＿＿＿＿＿＿＿＿＿＿＿。（嘱咐）

（6）经过努力，＿＿＿＿＿＿＿＿＿＿＿＿＿＿＿＿＿＿。（终于）

（7）＿＿＿＿＿＿＿＿＿＿＿＿＿＿＿＿大家还有不同意见。（对于）

（8）我哪儿都不想去，＿＿＿＿＿＿＿＿＿＿＿＿＿＿＿＿。（就是）

6 连句成段 เรียงประโยคให้เป็นข้อความที่สมบูรณ์

（1）A. 尤其是冬天的星空，常常使我看得入迷
　　　B. 我的家乡是一个美丽的小城
　　　C. 每到晴天的夜晚，就可以看到明亮的星星
　　　D. 小时候，我常爱看那美丽的星空

　　　＿＿＿＿＿＿＿＿＿＿＿＿＿＿＿＿

（2）A. 到中国以后我还是这样
　　　B. 后来离开了家乡，我仍然经常想起家乡那美丽的星空
　　　C. 常常一到晚上就不由得会抬（tái, เงยขึ้น ยกขึ้น）起头来往天上看
　　　D. 天空有没有明亮的星星

　　　＿＿＿＿＿＿＿＿＿＿＿＿＿＿＿＿

7 改错句 แก้ประโยคที่ผิดให้ถูกต้อง

（1）这件事你对她不该瞒。
　　_____

（2）我终于快到中国了。
　　_____

（3）你可以把我作你的朋友。
　　_____

（4）看到这种情况，我的眼里流了眼泪。
　　_____

（5）因为买票太多人，我们没有买卧铺（wòpù，ที่นั่งรถไฟประเภทตู้นอน），只好买了硬座（yìngzuò，ที่นั่งบนรถไฟประเภทที่นั่งแบบแข็ง）。
　　_____

（6）我放行李在飞机场的大厅里。
　　_____

（7）她结婚了一个有钱人。
　　_____

（8）我从小就是喝妈妈的牛奶长大的。
　　_____

8 情景表达 ฝึกพูดตามสถานการณ์

1. 下列句子什么情景下说？　ประโยคต่อไปนี้ใช้พูดในสถานการณ์เช่นไร

（1）现在我的愿望终于实现了，心里有说不出的高兴。

（2）如果把这件事告诉她，她多半不会同意。

第一课　离家的时候

บทที่ 1　เมื่อคราวจากบ้าน

（3）看她那恋恋不舍的样子，我的眼泪也一下子流了出来。

2. 下列情景怎么说？　จะพูดอย่างไรในสถานการณ์ต่อไปนี้

（1）朋友请你帮帮她，你没有时间，但看到朋友着急的样子，你还是答应了。　　　　　　　　　　　　　　　（只好）

（2）和男／女朋友离别时，你不想离开，眼泪都流了出来。
　　　　　　　　　　　　　　　　　　　　　　　　　（恋恋不舍）

（3）刚来中国，你觉得不习惯，特别想家。　　　（想念）

9 综合填空　เติมประโยคให้สมบูรณ์

补充生词　คำศัพท์เสริม

① 戒指　jièzhi　แหวน
② 刻　kè　แกะสลัก
③ 分别　fēnbié　แยกจาก จากลา
④ 异国他乡　yìguó tāxiāng　ต่างบ้านต่างเมือง
⑤ 鼓励　gǔlì　ให้กำลังใจ
⑥ 孤独　gūdú　โดดเดี่ยวเดียวดาย
⑦ 后悔　hòuhuǐ　เสียใจในภายหลัง
⑧ 落　là　เดินตกอยู่ข้างหลังเพราะตามไม่ทัน

半年前，我临来中国时，朋友们一起①_____我过了一次生日。当时，最让我难忘的是，大家送给我一个戒指，上面刻②_____一句话："我们都爱你。"看到这句话，我的眼泪一下子就流了③_____。想到就要和朋友们分别了，我真有点儿恋恋不舍。但是，来中国留学的手续已经办好了，我只好与朋友分别，坐④_____了飞往中国的飞机。

一个人来到异国他乡，⑤_____都是陌生的，一切都感到不习惯。但是到中国不久，我就认识了不少新朋友。可以说，我能一直坚持学习到现在，除了国内的朋友支持我、帮助我、鼓励我以外，更重要的是因为有了这些新朋友。⑥_____没有她们，我在中国的生活会是非常孤独和寂寞的。

刚到中国一个月，我⑦_____生病住进了医院。在医院里，我感到非常寂寞，十分后悔到中国来。正在我感到非常孤独和寂寞时，我遇到了一位热心的中国大学生。⑧_____与我同住一个病房，每天都邀请我一起下楼去吃饭、散步。我觉得心情一下子好多了。晚上，有时医院里还组织联欢会，每次大家都邀请我唱一支我们国家的歌。虽然我唱得不太好，但是大家听了都给我鼓掌，让我很感动。在病房里，这位朋友还教我学汉语，成了我的辅导老师。⑨_____她的帮助下，我的功课并没有因为住院而落下。

出院后，朋友还邀请我到她家去玩儿，她的父母像对自己的女儿一样对待我，使我感到就像回到了自己家一样。认识了朋友这一家人，⑩_____我对中国、对中国人有了更多的了解。

10 交际会话 ฝึกสนทนาเพื่อการสื่อสาร

请教（1） การขอคำชี้แนะ (1)

A：老师，我想去中国学汉语。

B：好啊！手续办好了吗？

A：还没有呢。我想请教老师，几月去比较好？

第一课　离家的时候

บทที่ 1　เมื่อคราวจากบ้าน

B：你准备学多长时间？

A：一年。

B：如果只学一年的话，还是从九月开始比较好。因为中国学校的新学年是从九月开始的。

A：我去以后读二年级可以吗？

B：根据你的情况，我想，最好从一年级开始，先把语音和语法基础打好了，对你今后的学习会更好。

Dì-èr kè
第二课
บทที่ 2

Yì fēng xìn
一封信
จดหมายฉบับหนึ่ง

一　课文 Kèwén บทเรียน  02-1

爸爸妈妈：

　　你们好！爸爸还那么忙吗？一定要注意身体啊！

　　你们寄来的生日礼物上星期就收到了。我现在一切都很好，吃得好，睡得好，学习也不错。你们就放心吧。

　　刚来时是有很多地方不习惯，但是现在基本上已经习惯了这里的生活。学习上也没有什么问题。中国人常说："在家靠父母，出门靠朋友。"我现在交了好多朋友。

　　今天给你们发过去的几张照片，第一张就是我们全班同学一起给我过生日的情景。我们班的同学分别来自亚洲、非洲、

第二课 一封信

บทที่ 2 จดหมายฉบับหนึ่ง

欧洲、美洲、大洋洲等五大洲十一个国家。能跟这么多同学一起学习,认识这么多世界各国来的朋友,我感到非常高兴。大家一起学习,一起聊天儿,一起参加各种课外活动。同学们互相关心,互相帮助,非常团结。所以我每天都过得很愉快。站在我旁边那个高个子、黄头发、蓝眼睛的小伙子,就是我的好朋友,长得很帅吧。我们俩常常一起玩儿,还一起学打太极拳。

第二张就是我学打太极拳时拍下来的。现在我每星期有两个下午去体育馆学打太极拳。太极拳是一种很有意思的运动,动作柔和缓慢,优美舒展,又有增强体质、预防疾病的作用,所以,是一项很受欢迎的体育运动。我每次练完以后,都觉得全身特别舒服。回国后我想教爸爸妈妈学打太极拳。

第三张是我在用毛笔画画儿,写汉字。除了学习汉语以外,我还参加了一个书画学习班,学用毛笔写字、画中国画儿。我觉得十分有趣。上星期我画了一幅竹子,写了一首唐诗,老师说我画得很好,还把它拿去,挂在学校的展览橱窗里展出了,我看了以后觉得又高兴又不好意思。朋友们看到以后,都向我表示祝贺。

对了,我还学会了用筷子吃饭。最后一张就是我在用筷子吃饭。前天我们去吃北京烤鸭时,我让朋友把我用筷子吃饭的样子拍了下来,你们看看,怎么样?好玩儿吧。

爸爸妈妈担心北京的冬天太冷,怕我不适应,可是我一点儿也不觉得冷。也许北京也变暖和了吧。在家的时候,一到冬天我都会感冒一两次。现在来中国快半年了,因为每天坚持锻炼,一次病也没得过。

就写到这儿吧。我要跟朋友一起出去了。

祝爸爸妈妈身体健康!

玛丽

一月二十八日

回答课文问题 ตอบคำถามจากบทเรียน

（1）玛丽现在在哪儿?

（2）她现在生活得怎么样?

（3）她参加了一个什么班?

（4）她以前会用筷子吗?现在呢?

（5）她来中国多长时间了?

（6）介绍一下儿这几张照片。

第二课 一封信
บทที่ 2 จดหมายฉบับหนึ่ง

二 生词 Shēngcí คำศัพท์  02-2

1.	封	fēng	（量）	ฉบับ (คำลักษณนามของจดหมาย)
2.	上	shàng	（名）	...ที่แล้ว ...ก่อน
3.	基本上	jīběnshang	（副）	โดยรวมแล้วนับว่า
	基本	jīběn	（形、副）	ขั้นพื้นฐาน ในระดับพื้นฐาน โดยรวม
4.	交	jiāo	（动）	คบเป็นเพื่อน
5.	分别	fēnbié	（副）	แบ่งออกเป็น
6.	来自	láizì	（动）	มาจาก
	自	zì	（介）	จาก
7.	等	děng	（助）	เป็นต้น
8.	洲	zhōu	（名）	ทวีป
9.	课外	kèwài	（名）	นอกชั้นเรียน
10.	关心	guānxīn	（动）	เป็นห่วง เอาใจใส่
11.	团结	tuánjié	（形）	สามัคคี
12.	站	zhàn	（动）	ยืน
13.	个子	gèzi	（名）	รูปร่าง
14.	黄	huáng	（形）	สีเหลือง
15.	拍	pāi	（动）	ถ่าย (รูป)
16.	柔和	róuhé	（形）	นุ่มนวล ละมุนละไม
17.	缓慢	huǎnmàn	（形）	เนิบช้า
18.	优美	yōuměi	（形）	งดงาม สวยงาม
19.	舒展	shūzhǎn	（动）	ยืด แผ่ออกไป
20.	增强	zēngqiáng	（动）	เพิ่ม เสริม (ให้แข็งแกร่งขึ้น)

21

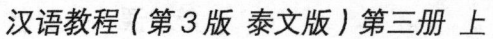

21.	体质	tǐzhì	（名）	พื้นฐานสุขภาพร่างกาย
22.	预防	yùfáng	（动）	ป้องกัน
23.	疾病	jíbìng	（名）	โรคภัยไข้เจ็บ
24.	作用	zuòyòng	（名、动）	ผล (ที่เกิดขึ้น) ผลการกระทำ ส่งผล ก่อให้เกิดผล
25.	项	xiàng	（量）	รายการ (คำลักษณนามของสิ่งที่แบ่งเป็นรายการปลีกย่อยไป)
26.	后	hòu	（名）	หลังจาก
27.	书画	shūhuà	（名）	การเขียนอักษรจีนและวาดภาพ
28.	竹子	zhúzi	（名）	ต้นไผ่
29.	诗	shī	（名）	บทกลอน บทกวี
30.	橱窗	chúchuāng	（名）	ตู้โชว์สินค้า
31.	展出	zhǎnchū	（动）	แสดง จัดแสดง (นิทรรศการ)
32.	表示	biǎoshì	（动）	แสดงถึง แสดงออก (ความรู้สึก) การแสดงออก
33.	筷子	kuàizi	（名）	ตะเกียบ
34.	好玩儿	hǎowánr	（形）	สนุก
35.	适应	shìyìng	（动）	ปรับตัว
36.	健康	jiànkāng	（形）	สุขภาพแข็งแรง

专名 Zhuānmíng ชื่อเฉพาะ

1.	亚洲	Yàzhōu	ทวีปเอเชีย
2.	非洲	Fēizhōu	ทวีปแอฟริกา
3.	美洲	Měizhōu	ทวีปอเมริกา
4.	大洋洲	Dàyángzhōu	ทวีปโอเชียเนีย
5.	唐	Táng	ราชวงศ์ถัง (ค.ศ. 618 – 907)

三 注释 Zhùshì คำอธิบายประกอบ

唐诗 Tángshī บทกวีถัง

唐代的诗歌。唐即唐朝（公元 618—907），是中国古代繁荣昌盛的朝代之一。都城是长安，即现在的陕西省西安市。

หมายถึงบทกวีสมัยราชวงศ์ถัง ราชวงศ์ถัง (ค.ศ. 618—907) เป็นราชวงศ์ที่เจริญรุ่งเรืองอย่างยิ่งราชวงศ์หนึ่งของประเทศจีนในยุคโบราณ มีเมืองหลวงคือเมืองฉางอัน ซึ่งก็คือเมืองซีอาน มณฑลส่านซีในปัจจุบัน

四 词语用法 Cíyǔ yòngfǎ การใช้คำ

1 靠 kào（动）พึ่งพาอาศัย ชิดหรืออิง พิง

“靠”有三种含义。คำว่า “靠” มีความหมาย 3 นัยยะ คือ

1. 依靠。例如：

พึ่งพาอาศัย อย่างเช่น

（1）中国人常说：“在家靠父母，出门靠朋友。”我现在交了好多朋友。

（2）她学习这么好，全靠自己的努力。

（3）他是靠奖学金读完大学的。

2. 接近或挨着某地方。例如：

อยู่ชิดหรืออิงอยู่กับที่ใดที่หนึ่ง อย่างเช่น

（4）我的家乡，前边临着一条河，后边靠着一座山，是有名的风景区。

（5）屋子里，靠墙放着一张桌子。

3. 人或物体倚着其他人或物体。例如：

(คนหรือสิ่งของ) เอาตัวไปพิงกับผู้อื่นหรือสิ่งอื่น อย่างเช่น

（6）别靠在我身上。

（7）他靠着沙发睡着了。

汉语教程（第3版 泰文版）第三册 上

แบบเรียนภาษาจีน 3 เล่ม 1 (ฉบับภาษาไทย พิมพ์ครั้งที่ 3)

② **分别 fēnbié（副）** แบ่งออกเป็น

各自，不一起。副词"分别"有两种含义和用法：
หมายถึง ต่างคนต่าง... ไม่ได้เหมือนกัน เป็นคำวิเศษณ์ "分别" มีความหมายและการใช้ 2 ลักษณะ คือ

1. 采取不同方式，有区别地。例如：
ใช้วิธีไม่เหมือนกัน (ทำ) อย่างแตกต่างกัน อย่างเช่น

（1）对不同情况，应该分别对待。

2. 几个主体对几个对象，各自，分头。例如：
หมายถึงหน่วยหลายหน่วยที่อยู่ในหมวดนั้นๆ ต่างคนต่าง แยกกันไป อย่างเช่น

（2）我们班的同学分别来自亚洲、非洲、欧洲、美洲、大洋洲等五大洲十一个国家。

（3）王老师和林老师分别找她俩谈了话，现在她俩的关系好多了。

③ **各 gè（代）** ทุกๆ แต่ละ

指在某个范围内的所有个体。用在名词或量词前。例如：
หมายถึงทุกสิ่งที่อยู่ในขอบเขตเดียวกัน ใช้วางไว้หน้าคำนามหรือคำลักษณนาม อย่างเช่น

（1）能跟这么多同学一起学习，认识这么多世界各国来的朋友，我感到非常高兴。

（2）每天都有全国各地的旅游者来这里参观。

（3）请各班同学快上车，我们马上就要出发了。

用法对比："各"和"每"

เปรียบเทียบการใช้: "各" กับ "每"

1. 都指所有的个体，但意义上的着重点不同。"每"着重于遍指，而"各"则着重于分指。例如：
หมายถึง "ทุกสิ่ง ทุกชิ้น" เหมือนกัน แต่จุดเน้นของความหมายไม่เหมือนกัน โดย "每" จะเน้นไปที่การชี้แบบรวมทั้งหมด ส่วน "各" จะเน้นไปที่การชี้แบบทีละสิ่งหรือแต่ละชิ้น อย่างเช่น

（1）每 /* 各个人都有自己的爱好。

（2）每 /* 各星期有一次太极拳课。

2.“各”可以直接加在一些名词前，“每”要带量词或数量词组才能用在名词前（“人、家、年、月、日、天、星期、周”除外）。例如：

“各” สามารถวางไว้หน้าคำนามบางคำได้โดยตรง แต่ “每” จะต้องใส่คำลักษณนามหรือวลีบอกจำนวน-ลักษณนามไว้ด้วย จึงจะใช้วางหน้าคำนามได้ (ยกเว้น “人”, “家”, “年”, “月”, “日”, “天”, “星期” และ “周”) อย่างเช่น

可以说：各国、各学校、各医院、各单位

不能说：* 每国、* 每学校、* 每医院、* 每单位

可以说：每个国家、每个学校、每个医院、每个单位

3.“每”可以和数量词组结合，“各”不能跟数量词组结合。例如：

“每” สามารถใช้ร่วมกับคำบอกจำนวน-ลักษณนามได้ แต่ “各” ไม่สามารถใช้ร่วมกับวลีบอกจำนวน-ลักษณนามได้ อย่างเช่น

（3）他每 /* 各一门课都学得很好。

4 表示 biǎoshì（动）แสดงถึง แสดงออก (ความรู้สึก) การแสดงออก

动词“表示”常见的意义和用法有：

คำกริยา “表示” มีความหมายและการใช้ที่มักพบ ได้แก่

1. 动词，用言语行为显出某种思想、感情、态度等。可以带“了”“过”，可以重叠，也可以带名词宾语和动词宾语。例如：

เป็นคำกริยา หมายถึงกล่าวแสดงความนึกคิด ความรู้สึก ทัศนคติบางอย่าง สามารถตามด้วย “了” หรือ “过” หรือใช้แบบซ้ำคำกริยาได้ ทั้งยังสามารถใส่บทกรรมที่เป็นคำนามหรือคำกริยาตามมาด้วยก็ได้ อย่างเช่น

（1）朋友们看到以后，都向我表示祝贺。

（2）我送给老师一张照片，向老师表示感谢。

（3）你说了以后，他有什么表示？

（4）她这样做是友好的表示。

2. 动词，事物本身显出某种意义或者凭借某种事物显出某种意义。例如：

เป็นคำกริยา หมายถึงสิ่งๆหนึ่งที่สามารถแสดงความหมายบางอย่างออกมาหรืออาศัยสิ่งบางสิ่งเพื่อแสดงออกถึงความหมายบางอย่าง อย่างเช่น

（5）点头表示同意。

（6）他送你玫瑰花是表示对你的爱。

五 练习 Liànxí บทฝึกฝน

1 语音 ฝึกออกเสียง 02-3

（1）辨音辨调 ฝึกแยกแยะเสียง

个子	gèzi	各自	gèzì
放心	fàng xīn	烦心	fánxīn
柔和	róuhé	如何	rúhé
体质	tǐzhì	抵制	dǐzhì
预防	yùfáng	乙方	yǐfāng
竹子	zhúzi	出自	chūzì

（2）朗读 ฝึกอ่านออกเสียง

诗中有画，画中有诗。 Shī zhōng yǒu huà, huà zhōng yǒu shī.

儿行千里母担忧。 Ér xíng qiānlǐ mǔ dānyōu.

2 词语 ฝึกอ่านคำศัพท์

上星期	上月	上周	上学期
学习上	工作上	生活上	班上
发微信	发照片	发邮件	发短信
起床后	下课后	吃饭后	回学校后
来自泰国	来自亚洲	来自各国	
来自曼谷（Màngǔ，กรุงเทพ）			

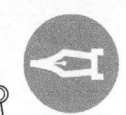

第二课 一封信

บทที่ 2 จดหมายฉบับหนึ่ง

动作柔和	动作缓慢	动作优美	动作舒展
预防疾病	预防感冒	有作用	没有作用
表示感谢	表示满意	没有表示	爱的表示
很好玩儿	不好玩儿	不太适应	很难适应

3 **选词填空** เลือกคำมาเติมลงในช่องว่างให้ถูกต้อง

> 课外　发　优美　表示　柔和　放心　适应　首　作用
> 预防　分别　好玩儿

（1）我在这里一切都很好，请爸爸妈妈_____。

（2）我给你们_____过去了几张照片，是我在长城、颐和园照的。

（3）我们班的学生，_____来自七个国家。

（4）她不太喜欢参加这些_____活动。

（5）她说话的声音很_____，很好听。

（6）我们学校就在风景_____的西山下。

（7）打太极拳可以锻炼身体，增强体质，_____疾病。

（8）针灸和按摩对于这些慢性病有很好的治疗_____。

（9）这是一_____非常有名的唐诗。

（10）他一次又一次向我_____他喜欢我，可是我已经有男朋友了。

（11）那是一个非常_____的地方，这个星期我们去那儿玩儿玩儿吧。

（12）我还不_____这里的气候，冬天太冷，夏天太热。

4 用括号里的词语完成句子 ใช้คำในวงเล็บเติมประโยคให้สมบูรณ์

（1）我刚来中国时，觉得_____。（一切）

（2）我们_____，也许能找到。（分别）

（3）_____，我才找到这个地方。（靠）

（4）这个暑假我一定_____。（各）

（5）_____打太极拳。（每）

（6）他对我的帮助很大，我真应该_____。（表示）

5 用括号里的词语完成会话 ใช้คำในวงเล็บเติมบทสนทนาให้สมบูรณ์

（1）A：我只对新的东西感兴趣。你呢？
　　B：我对这里的_____。（一切）

（2）A：你们班的学生来自多少个国家？
　　B：我们班的同学_____。（分别）

（3）A：你觉得_____？（讲课）
　　B：很好。他讲得又清楚又有意思。

（4）A：中药_____？（作用）
　　B：当然有作用。我的病就是喝中药以后才好的。

（5）A：出国以后才知道，还是在家好。
　　B：可是，一个人不能_____。（靠）

（6）A：你把礼物送给她以后，_____？（表示）
　　B：她很高兴，向我表示了感谢。

6 连句成段 เรียงประโยคให้เป็นข้อความที่สมบูรณ์

（1）A. 我们每个人的照片都记录了自己人生历程的一段时光，留下了生活的欢乐

　　　B. 一边看，一边回想照片上的那些人和事，回忆那过去的美好时光

　　　C. 因此，翻相册、看照片成了我生活中的一大乐趣

　　　D. 一拿起相册就要翻来翻去看半天

　　　_____

（2）A. 所以说语言是社会交际的工具

　　　B. 没有社会生活就不会有语言

　　　C. 语言是在社会生活中产生的

　　　D. 人在社会生活中跟别人交往需要语言

　　　E. 你要想把一种语言学好，就要勇敢地去用语言跟别人交际

　　　_____

7 改错句 แก้ประโยคที่ผิดให้ถูกต้อง

（1）一切的困难我都不怕。

　　_____

（2）我昨天表示她别去，可是今天她还是去了。

　　_____

（3）他每天早上在公园里打太极拳和气功。

　　_____

（4）各个国都有不同的习惯和想法。

　　_____

（5）我躺在床上翻来倒去不睡着。

_____

（6）我把这里的美景拍照了下来。

_____

8 **情景表达** ฝึกพูดตามสถานการณ์

1. 下列句子什么情景下说？　　ประโยคต่อไปนี้ใช้พูดในสถานการณ์เช่นไร
   （1）这就是我要告诉你的一切。
   （2）我还不太适应。

2. 下列情景怎么说？　　จะพูดอย่างไรในสถานการณ์ต่อไปนี้
   （1）说一下儿太极拳的动作。
   （2）说明打太极拳的作用。

9 **综合填空** เติมประโยคให้สมบูรณ์

补充生词　คำศัพท์เสริม

①	突然	tūrán	จู่ๆ ทันใด
②	不到长城 非好汉	bú dào Chángchéng fēi hǎohàn	ถ้าไปไม่ถึงกำแพงเมืองจีนก็ ยังไม่ใช่วีรบุรุษ
③	奇怪	qíguài	แปลก ประหลาด
④	滑	huá	ลื่น ไถล
⑤	堆	duī	ก่อ ก่อให้สูงขึ้น กองขึ้นไป
⑥	扶	fú	ประคอง

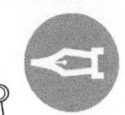

第二课　一封信

บทที่ 2　จดหมายฉบับหนึ่ง

雪后爬长城

星期六夜里，下了一场大雪。第二天早上起床一看，外边的雪景很美。这时我突然想带女朋友去长城看雪景。我给她打了个电话，问她愿意不愿意去长城。她说她也正要给我打电话，问我想不想去呢。

太阳①_____了，是个好天气。吃了早饭我们就坐车出发了。

只用了两个多小时，我们②_____到了长城。女朋友说："'不到长城非好汉'，今天我们到了长城，也算是好汉了。"长城上没有几个人，很静。几个工作人员看见我们都笑③_____，我不知道他们为什么笑。大概他们觉得下这么大的雪还来爬长城很奇怪④_____。买了票我们就往上爬，因为有雪，爬不上⑤_____。我们刚爬上去几步又滑下来，滑下来再爬上去，很有意思。长城上只有我和女朋友。爬了快一个小时了，我女朋友累⑥_____有点儿爬不动了。我要拉她，她不让，一定要自己爬上去。我们爬了差不多两个小时，终于爬到了长城最⑦_____的地方。站在上边往下看，眼前是一片白色的世界，真美啊！我们在长城上照了很多相，⑧_____在长城上边堆了一个大雪人。

下来的时候，我们一会儿扶着墙走，一会儿坐在地上往下滑，很好玩儿。

今天，虽然很累，但是我们玩儿得非常高兴。

你要是去长城，最好也在下雪以后去。

10 交际会话 ฝึกสนทนาเพื่อการสื่อสาร

商量　ปรึกษาหารือ

A：妈妈，我跟你商量一件事儿。

B：什么事儿？

A：我想去中国留学。

B：你怎么有这样的想法？你不打算结婚了？

A：我就去一年，结婚的事儿回来以后再说。

B：你现在的工作不是挺好吗？回来以后找不到工作怎么办？

A：不会的。我已经学了一年汉语了，可是，说得还不太好，我想去中国学一年，回来后能找到更好的工作。

B：你跟你爸爸说了吗？

A：爸爸没问题，主要是你。

B：我不同意你就不去了吗？我还不知道你的性格，决定了的事情，谁说也不行。

A：妈妈，一年时间很快就会过去的。

B：小鸟长大了，翅膀（chìbǎng，ปีก）硬了，该飞了。

| Dì-sān kè
| 第三课
| บทที่ 3

Běijīng de sìjì
北京的四季
สี่ฤดูกาลของปักกิ่ง

一　课文 Kèwén　บทเรียน 　03-1

中国的大部分地区，一年都有春、夏、秋、冬四个季节。

就拿首都北京来说吧，从三月到五月是春季，六月到八月是夏季，九月到十一月是秋季，十二月到第二年的二月是冬季。

春天来了，树绿了，花儿开了，天气暖和了。人们脱下冬衣，换上春装。姑娘和小伙子们打扮得漂漂亮亮的，他们在湖上划船，在花儿前照相，公园里充满了年轻人的歌声和笑声。颐和园、北海、香山、长城和十三陵……到处都可以看到来自世界各地的游人。

夏天来了，天气热了。人们常常去游泳。吃完晚饭，工作了一天的人们喜欢到外边散步、聊天儿。马路边、公园里都有散步

的人。他们一边走一边聊，显得轻松而愉快。

北京的冬天比较冷，但是暖气一开，屋子里很暖和。到了冬天，人们喜欢吃火锅儿。一家几口人或三五个朋友，高高兴兴地围坐在火锅儿旁边，边吃，边喝，边聊，这情景让人羡慕和向往。

北京的冬天不常下雪，但是，要是下了雪，人们就会像过节一样高兴。冬天最美的风光就是雪景了。很多人会带上相机去外边照相。孩子们一点儿也不怕冷，在雪地上跑啊跳啊，堆雪人儿，打雪仗，小脸和小手冻得红红的，玩儿得可高兴了。北京人喜欢雪。"瑞雪兆丰年"，冬天要是下几场大雪，第二年一定会有好收成。

北京一年中最好的季节要数秋天了。天气不冷也不热，不常下雨，也很少刮风。大街上到处是鲜花，到处是瓜果。每到周末，人们都喜欢到郊外去玩儿。那满山的红叶是秋天最美丽的景色。爬香山、看红叶，是北京人最喜欢的活动。

国庆节放假期间，正是北京一年中风景最美的时候。每到国庆节，全国各地很多游人都会利用假期到北京来旅游。要是

你能到天安门广场去看看，就会知道，这个古老的国家如今显得多么年轻，你就会感到，勤劳善良、热爱和平的中国人是多么热情。也许你会爱上这个美丽的城市，爱上这些热情友好的人们。

亲爱的朋友，愿你们在北京、在中国生活得平安快乐。

回答课文问题 ตอบคำถามจากบทเรียน

（1）北京一年有几个季节？每个季节从几月到几月？你们国家呢？
（2）北京的春天怎么样？
（3）北京的夏天怎么样？
（4）北京的冬天怎么样？
（5）北京的秋天怎么样？
（6）你们国家或家乡的季节怎么样？请写出来并说一说。

二 生词 Shēngcí คำศัพท์

03-2

1. 部分	bùfen	（名）	ส่วน ภาคส่วน
2. 地区	dìqū	（名）	เขต บริเวณ (ที่เป็นเขตกว้างๆ)
3. 拿	ná	（介）	เอา... (มา) (คำบุพบทที่ใช้นำวนำเป้าที่จะกระทำ)
4. 脱	tuō	（动）	ถอดออก
5. 冬衣	dōngyī	（名）	เสื้อผ้าสำหรับฤดูหนาว
6. 春装	chūnzhuāng	（名）	เสื้อผ้าสำหรับฤดูใบไม้ผลิ
7. 姑娘	gūniang	（名）	หญิงสาว เด็กสาว
8. 湖	hú	（名）	ทะเลสาบ

9. 划船	huá chuán		พายเรือ
划	huá	(动)	พาย (เรือ)
船	chuán	(名)	เรือ
10. 充满	chōngmǎn	(动)	เต็มไปด้วย
11. 游人	yóurén	(名)	คนที่มาท่องเที่ยว แขกที่มาท่องเที่ยว
12. 显得	xiǎnde	(动)	ปรากฏ (สภาพบางประการ)
13. 轻松	qīngsōng	(形)	สบาย สบายใจ ไม่ตึงเครียด
14. 火锅（儿）	huǒguōr	(名)	หม้อไฟ
15. 围	wéi	(动)	พันรอบ ล้อม โอบล้อม โอบรอบ
16. 向往	xiàngwǎng	(动)	ใฝ่หา (ด้วยความชื่นชมยินดีหรือด้วยความเลื่อมใสศรัทธา)
17. 堆雪人（儿）	duī xuěrénr		ปั้นตุ๊กตาหิมะ ก่อตุ๊กตาหิมะ
堆	duī	(动)	ก่อ ก่อให้สูงขึ้น กองขึ้นไป
18. 打雪仗	dǎ xuězhàng		เล่นปาหิมะใส่กัน เล่นสงครามปาหิมะ
打	dǎ	(动)	ตี โจมตี
19. 冻	dòng	(动)	แข็งตัวเป็นน้ำแข็ง หนาวจนเยือกเย็น
20. 瑞雪兆丰年	ruìxuě zhào fēngnián		หิมะที่ตกตรงตามฤดูกาลเป็นนิมิตรหมายว่าเป็นปีที่การเก็บเกี่ยวจะอุดมสมบูรณ์
21. 场	cháng	(量)	รอบ (คำลักษณนามที่ใช้กับกิจกรรมหรือเหตุการณ์)
22. 收成	shōucheng	(名)	การเก็บเกี่ยว ผลการเก็บเกี่ยว
23. 数	shǔ	(动)	นับ (จำนวน) นับ (หรือเปรียบเทียบแล้ว) โดดเด่นที่สุด
24. 大街	dàjiē	(名)	ถนน
25. 鲜花	xiānhuā	(名)	ดอกไม้สด

第三课　北京的四季

бทที่ 3　สี่ฤดูกาลของปักกิ่ง

26.	瓜	guā	（名）	ผลของพืชประเภทแตง ฟัก แฟง
27.	果	guǒ	（名）	ผลไม้
28.	每	měi	（副）	ทุกๆ ทุก (ครั้ง)
29.	郊外	jiāowài	（名）	ชานเมือง
30.	美丽	měilì	（形）	สวยงาม งดงาม
	美	měi	（形）	สวยงาม งดงาม
31.	景色	jǐngsè	（名）	ทัศนียภาพ วิว ทิวทัศน์
32.	如今	rújīn	（名）	ทุกวันนี้ ปัจจุบันนี้
33.	多么	duōme	（副）	แค่ไหน ขนาดไหน (แสดงความหมายระดับที่สูงมาก)
34.	勤劳	qínláo	（形）	ขยันหมั่นเพียร มุมานะบากบั่น มุมานะพากเพียร
35.	善良	shànliáng	（形）	จิตใจดีงาม
36.	热爱	rè'ài	（动）	รักอย่างลึกซึ้ง
37.	友好	yǒuhǎo	（形）	มีความเป็นมิตร
38.	亲爱	qīn'ài	（形）	ที่รัก
39.	愿	yuàn	（动）	หวังให้ ปรารถนาให้
40.	平安	píng'ān	（形）	สงบสุข อยู่เย็นเป็นสุข

专名 Zhuānmíng　ชื่อเฉพาะ

1.	北海	Běi Hǎi	สวนสาธารณะเป๋ยไห่
2.	香山	Xiāng Shān	ภูเขาเซียงซาน
3.	十三陵	Shísān Líng	สุสานราชวงศ์หมิง
4.	国庆节	Guóqìng Jié	วันชาติ

三 词语用法 Cíyǔ yòngfǎ การใช้คำ

1 拿 ná（介）เอา... (มา)

"拿+名词+来+动词"，表示从某个方面提出话题。动词只限于"说、看、讲"或者"比、比较、分析"等。例如：

"拿+คำนาม+来+คำกริยา" หมายถึงหยิบยกด้านใดด้านหนึ่งขึ้นมาพูด จำกัดใช้กับคำกริยา เช่น "说"，"看"，"讲"，"比"，"比较"，"分析" เป็นต้น ตัวอย่าง

（1）中国的大部分地区，一年都有春、夏、秋、冬四个季节。就拿首都北京来说吧，和全国大部分地区一样，也有春、夏、秋、冬四个季节。

（2）汉语的一些语法对于外国学习者是比较难的，拿"了"和"把"字句的用法来说，很多人虽然学了，但是还是不知道怎么用。

（3）中国这些年发展很快，拿人们的生活水平来说，比过去有很大的提高。

2 动词+下 dòngcí + xià คำกริยา+下

"动词+下"有两种常用义：

"คำกริยา+下" มักใช้ในสองความหมาย คือ

1. 表示动作完成并有脱离的意思。例如：

หมายถึงการกระทำกระทำเสร็จสิ้นและออกจากตัวไป อย่างเช่น

（1）一到春天，人们都脱下冬衣，换上春装。

（2）她一进屋就脱下皮鞋（píxié，รองเท้าหนัง），换上拖鞋（tuōxié，รองเท้าแตะ）。

2.表示人或事物随动作由高处向低处，或离开高处，到达低处。例如：

หมายถึงการกระทำนั้นทำให้คนหรือสิ่งๆหนึ่งเคลื่อนจากที่สูงสู่ที่ต่ำ หรือย้ายจากที่สูงมายังที่ต่ำ อย่างเช่น

（3）请同学们快坐下，我们上课了。

（4）她感动得流下了眼泪。

（5）我们从这里走下山去吧。

（6）他跳下水去把孩子救（jiù，ช่วยชีวิต）了上来。

3 动词 + 上 dòngcí + shàng คำกริยา + 上

"动词 + 上"有两种常用义：

"คำกริยา + 上" มักใช้ในสองความหมาย คือ

1. 表示动作有结果，有时有合拢的意思。例如：

หมายถึงการกระทำนั้นเกิดผลสำเร็จแล้ว บางครั้งให้ความหมายว่ารวบเข้าหากัน อย่างเช่น

（1）一到春天，人们都脱下冬衣，换上春装。

（2）刚来时不习惯，一年后她已经爱上了这个地方，不愿意离开了。

（3）我把窗户关上，锁上门，咱们就走。

2. 表示人或事物随动作从低处到高处，或达到了一定目的。例如：

หมายถึงการกระทำนั้นทำให้คนหรือสิ่งๆหนึ่งเคลื่อนที่จากที่ต่ำไปสู่ที่สูง หรือไปถึงยังจุดหมายๆหนึ่ง อย่างเช่น

（4）他提着书爬上了十楼。

（5）我看见他骑上自行车出去了。

（6）她今年终于考上了大学。

4 多么 duōme（副）แค่ไหน ขนาดไหน

多用在感叹句中，表示程度很高，与副词"多"的用法基本相同。例如：

ส่วนใหญ่ใช้ในประโยคอุทาน หมายถึงมีระดับที่สูงมาก "多么" มีลักษณะการใช้โดยรวมแล้วเหมือนกับคำวิเศษณ์ "多" อย่างเช่น

（1）要是你能到天安门广场去看看，就会知道，这个古老的国家如今显得多么年轻。

（2）你去了就会知道，那里的风景有多么 / 多美。

（3）多么 / 多有意思啊！

（4）能出国学习多么 / 多不容易啊！

汉语教程（第3版 泰文版）第三册 上

แบบเรียนภาษาจีน 3 เล่ม 1 (ฉบับภาษาไทย พิมพ์ครั้งที่ 3)

5 也许 yěxǔ（副）อาจจะ บางทีอาจจะ

表示猜测或不很肯定，常放在动词、形容词或主语前面作状语。例如：
ใช้แสดงการคาดเดาหรือไม่ยืนยันแน่ชัด มักวางไว้หน้าคำกริยา คำคุณศัพท์ หรือหน้าภาคประธาน ใช้เป็นบทขยายภาคแสดง อย่างเช่น

(1) 来了以后，也许你会爱上这个美丽的城市，爱上这些热情友好的人们。

(2) 别着急，再好好儿找找，也许能找到。

(3) 喝了吧，把这些中药喝了，你的病也许就好了。

(4) 到现在他还没来，也许就不来了，我们不要等他了。

四　练习 Liànxí　บทฝึกฝน

1 语音 ฝึกออกเสียง 03-3

(1) 辨音辨调　ฝึกแยกแยะเสียง

部分	bùfen	不分	bù fēn
旅游	lǚyóu	理由	lǐyóu
善良	shànliáng	商量	shāngliang
鲜花	xiānhuā	闲话	xiánhuà
和平	hépíng	合并	hébìng
广场	guǎngchǎng	工厂	gōngchǎng

(2) 朗读　ฝึกอ่านออกเสียง

鸟语花香　niǎoyǔ-huāxiāng
烈日高照　lièrì gāozhào
秋高气爽　qiūgāo-qìshuǎng
万里雪飘　wànlǐ xuěpiāo

第三课　北京的四季

บทที่ 3　สี่ฤดูกาลของปักกิ่ง

2 词语 ฝึกอ่านคำศัพท์

大部分	一部分	部分地区	部分学校
充满信心	充满希望	充满欢乐	充满感情
显得很轻松	显得很高兴	显得很愉快	显得很失望
向往北京	向往幸福生活	向往美好爱情	向往美好未来
数得上	数不上	数他最高	数玛丽考得好
美丽的姑娘	美丽的地方	美丽的景色	美丽的故事
多么热情	多么美好	多么善良	多么勤劳
热爱和平	热爱工作	热爱祖国	热爱人民

3 选词填空 เลือกคำมาเติมลงในช่องว่างให้ถูกต้อง

> 热爱　向往　脱　多么　数　也许　团圆　划船　冻　充满

（1）进屋要_____鞋，觉得特麻烦。

（2）星期天我们去公园_____吧。

（3）她对自己的未来（wèilái, อนาคต）_____信心。

（4）那是个让世界各国的人都十分_____的地方。

（5）我的手已经_____得没有感觉了。

（6）要说个子高，张东还_____不上，他只是中等个子。

（7）没有去过云南的人，就不会知道那是一个_____美丽的地方。

（8）我们的人民_____和平，希望和世界各国人民友好相处。

（9）刚去时当然会感到寂寞，会想家。但是，如果你语言通了，再交一些好朋友，_____你就不想回来了。

（10）中国的春节跟我们的泼水节（Pōshuǐ Jié, เทศกาลสงกรานต์）一样，也是一个全家_____的节日。

④ **用括号里的词语完成句子** ใช้คำในวงเล็บเติมประโยคให้สมบูรณ์

（1）_____来说吧，刚来中国时，也特别想家。（拿）

（2）晚会上_____，同学们玩儿得非常高兴。（充满）

（3）把大衣_____吧，我给您挂在这里。（动词+下）

（4）你是不是_____了？要不为什么常常去找她？
（动词+上）

（5）我弟弟今年_____北京大学了。（动词+上）

（6）你不知道，我爸爸妈妈听到这个消息是_____。
（多么）

（7）他们个子都很高，_____最高。（数）

（8）我们再等他一会儿吧，_____。（也许）

⑤ **用括号里的词语完成会话** ใช้คำในวงเล็บเติมบทสนทนาให้สมบูรณ์

（1）A：他学习怎么样？
　　B：_____。（数）

（2）A：那是个什么样的地方？
　　B：_____。（向往）

（3）A：不知道为什么，他已经三天没来上课了。
　　B：_____。（也许）

（4）A：你们班这次考试考得怎么样？
　　B：_____。（大部分）

（5）A：你现在对这里的生活习惯了吗？
　　B：早习惯了，我_____。（动词+上）

第三课　北京的四季

บทที่ 3　สี่ฤดูกาลของปักกิ่ง

（6）A：这个电影怎么样？你看了吗？

B：看了，非常好。很多人感动得_____。

（动词+下）

6 连句成段 เรียงประโยคให้เป็นข้อความที่สมบูรณ์

（1）A. 让你感到既新奇又有点儿担心

B. 我们这些老外一到北京就会看到很多很多电动车

C. 那么多的电动车在小汽车、公共汽车和行人中间穿来穿去，来来往往

D. 特别是上下班的时候

_____

（2）A. 而是那些随处可见、满街跑的出租车

B. 但我要说的是，最吸引我的还不是这些电动车

C. 因为我下边要讲的这个故事跟这出租车有关系

D. 虽然那满大街的电动车能把我吓一跳

_____

7 改错句 แก้ประโยคที่ผิดให้ถูกต้อง

（1）我很喜欢北京，大街上有很多树，很绿色。

_____

（2）中国的大街上到处充满了电动车。

_____

（3）我把房间干净了。

_____

（4）她毛病了，可是她不要去医院打打针。

＿＿＿＿＿＿＿＿＿＿＿＿＿＿＿＿＿＿＿＿＿＿＿＿＿＿

（5）这个星期末你想不想去旅行？

＿＿＿＿＿＿＿＿＿＿＿＿＿＿＿＿＿＿＿＿＿＿＿＿＿＿

（6）我非常热爱我的女朋友。

＿＿＿＿＿＿＿＿＿＿＿＿＿＿＿＿＿＿＿＿＿＿＿＿＿＿

8 情景表达 ฝึกพูดตามสถานการณ์

1. 下列句子什么情景下说？ ประโยคต่อไปนี้ใช้พูดในสถานการณ์เช่นไร

（1）我们热爱和平。

（2）真是"瑞雪兆丰年"啊！

（3）我真羡慕他。

2. 下列情景怎么说？ จะพูดอย่างไรในสถานการณ์ต่อไปนี้

（1）你和他/她在一个班学习了半年多，非常喜欢他/她。（爱上）

（2）你很喜欢一个地方/一份工作/一个学校。（向往）

9 综合填空 เติมประโยคให้สมบูรณ์

补充生词 คำศัพท์เสริม

① 阵	zhèn	ช่วงระยะเวลาหนึ่ง
② 抬	tái	เงยขึ้น ยกขึ้น
③ 将近	jiāngjìn	เกือบจะ
④ 经历	jīnglì	ประสบการณ์

第三课　北京的四季

บทที่ 3　สี่ฤดูกาลของปักกิ่ง

一把雨伞

　　去年秋天的一个星期天，我和爱人带孩子去爬山。刚刚两岁①_____儿子，玩儿得很高兴。这时，一阵风刮来，抬头一看，刚才还蓝蓝的天上，不知什么时候起②_____乌云，很快就开始掉雨点了。我和爱人一下子着急了，从这儿往前，离车站还远，往回走，也要将近一个小时，我们又没带雨伞。③_____越下越大，我抱④_____儿子，不知怎么办好。正在这时，一对儿年轻人打着一⑤_____雨伞向我们这边走来，看到我们的样子，两人一笑，马上⑥_____伞送给我们，说："孩子小，淋了雨会感冒的。"然后，⑦_____俩说着笑着淋着雨跑远了。

　　雨中的经历使我常想起这两个不知姓名的年轻人，只知道他们在北京工作，但是因为当时没有留下姓名和地址，⑧_____这把雨伞现在还放在我们家里。

10　交际会话 ฝึกสนทนาเพื่อการสื่อสาร

谈论天气　สนทนาเรื่องดินฟ้าอากาศ

A：啊——，好冷啊！

B：冷在三九嘛，现在才是头九，冷的时候还在后面呢。

A：什么？什么？你说的我怎么听不懂啊。什么"三九""头九"？

B：啊，中国人把冬天最冷的时候，叫作三九天。从冬至（dōngzhì, เทศกาลตงจื้อ หรือเทศกาลฤดูหนาวของจีน เป็นวันที่มีกลางวันสั้นและกลางคืนยาวที่สุดในรอบปี）开始，每九天算一九。今天是12月25号，算头九。

A：这样啊。这么说，以后还会更冷啊。

B：当然。

A：我最怕冷了。每天早上都不想起床，所以常常迟到。

B：我怕热，但不怕冷。我喜欢冬天，也喜欢滑冰滑雪。

A：难怪你每天一早就出去锻炼。我可起不来。

Dì-sì kè
第四课
บทที่ 4

Lǐxiǎng
理想
อุดมคติ

一　课文 Kèwén　บทเรียน

（一）理想　🔊 04-1

中学毕业那年，要考什么大学，要学什么专业，我自己也不清楚。一次我和朋友看了一个电影，这个电影是介绍中国文化的，很有意思。我当时就想，学习中文，将来当翻译怎么样？妈妈知道了我的想法，十分赞成。就这样，我考上了大学中文系。

大学三年级暑假，我第一次来到中国，在北京语言大学学习了四个星期。学完以后，又到中国一些著名的风景区旅游了一个月。这时才知道，自己对中国的了解太少了。

因为汉语说得不好，旅途中遇到了很多困难。但是，每次遇到困难时，都会得到好心人的帮助。一次，我坐火车去南京。我对南京一点儿也不了

46

第四课　理想

解，火车到南京的时间又是晚上，怎么去找宾馆，怎么买去上海的火车票，我都不知道。我看着地图，心里真有点儿着急。

　　坐在我对面的一个姑娘，好像看出了我的心事，就用英语问我是不是留学生，需要不需要她帮助。她的英语说得很好。我就对她说了自己遇到的困难。她说："别担心，我也是在南京下车，下车以后，你就跟我走吧。"

　　就这样，我们开始了交谈。她是南京一所大学的学生。她说："要是你愿意，我可以带你到南京的一些风景区去看看。"我说："这样当然好，不过，会不会太麻烦你了？"她说："现在正好是假期，我有空儿。我们可以互相学习，我帮你练汉语，你也帮我练练英语。"

　　就这样，我交了第一个中国朋友。

　　在南京玩儿了三天。这三天里，她简直成了我的导游，带我去了南京很多有名的地方，又帮我买了去上海的火车票。分别的时候，她说，欢迎你再来。我说，肯定会再来的。我一定要把汉语学好，实现自己当翻译的理想。

（二）要见彩虹　04-2

　　最近，我学会了一首中文歌，很好听，也很有意义。里边有一句歌词，让我想了很多很多。这句歌词是：不经历风雨怎么见彩虹，没有人能随随便便成功。

　　我来中国已经半年了，半年的留学生活让我尝到了以前从没有尝过的酸甜苦辣。有一段时间我常常一个人偷偷儿地哭，有时哭着哭着就睡着了。在梦中，我梦见了家乡，梦见了家乡的亲人。在梦中我对父母说："你们的傻女儿输了，失败了，对学习、对自己都失去了信心。"

父母打电话叫我回国，但是，我想我不能回国。来中国留学，学习汉语，这是我自己选择的道路。人生的道路上肯定会遇到各种各样的困难，要是一遇到困难就退缩，怎么可能取得成功呢？我决定坚持下去。老师也常鼓励我说：坚持就是胜利。

我的梦想是当一个汉语老师，不学好汉语怎么能当汉语老师呢？

想到这儿，就觉得自己很可笑，都十八岁了，已经不是小孩子了，为什么一遇到困难就哭呢？为什么不能坚强一些呢？

我心中又唱起了这首歌：不经历风雨怎么见彩虹，没有人能随随便便成功。是啊，要成功，就必须付出艰苦的努力。

回答课文问题 ตอบคำถามจากบทเรียน

（1）"我"为什么要学习中文？你呢？
（2）"我"第一次来中国是什么时候？来做什么？
（3）"我"在旅途中遇到了什么困难？是谁帮助了"我"？
（4）"我"为什么还要来中国？"我"的理想是什么？你呢？

第四课　理想

（5）"我"学会了一首什么歌？你听过这首歌吗？

（6）"我"来中国多长时间了？"我"为什么常常一个人偷偷儿地哭？你来中国以后哭过吗？为什么？

（7）"我"为什么要坚持下去？为什么觉得自己很可笑？

二　生词 Shēngcí　คำศัพท์  04-3

1.	理想	lǐxiǎng	（名、形）	อุดมคติ อุดมการณ์
2.	专业	zhuānyè	（名、形）	วิชาเอก วิชาเฉพาะ มืออาชีพ
3.	当时	dāngshí	（名）	ในเวลานั้น ในระหว่างนั้น
4.	赞成	zànchéng	（动）	สนับสนุน เห็นด้วย
5.	系	xì	（名）	สาขาวิชา
6.	著名	zhùmíng	（形）	มีชื่อเสียงโด่งดัง
7.	旅途	lǚtú	（名）	ในระหว่างเดินทาง
8.	宾馆	bīnguǎn	（名）	โรงแรม
9.	地图	dìtú	（名）	แผนที่
10.	对面	duìmiàn	（名）	ด้านตรงข้าม ตรงกันข้าม
11.	好像	hǎoxiàng	（副）	ดูเหมือนว่า
12.	心事	xīnshì	（名）	ความในใจ เรื่องในใจ (ส่วนใหญ่จะหมายถึงเรื่องที่เป็นปัญหา)
13.	交谈	jiāotán	（动）	พูดคุยกัน
14.	所	suǒ	（量）	แห่ง (คำลักษณนามของมหาวิทยาลัย บริษัท โรงพยาบาล เป็นต้น)
15.	简直	jiǎnzhí	（副）	โดยแท้ โดยสิ้นเชิง
16.	分别	fēnbié	（动）	แยกจาก จากลา
17.	彩虹	cǎihóng	（名）	สายรุ้ง
18.	意义	yìyì	（名）	ความหมาย ความสำคัญ

49

汉语教程（第3版 泰文版）第三册 上

แบบเรียนภาษาจีน 3 เล่ม 1 (ฉบับภาษาไทย พิมพ์ครั้งที่ 3)

19.	经历	jīnglì	（动、名）	ผ่านประสบการณ์ ประสบการณ์
20.	风雨	fēngyǔ	（名）	ลมฝน อุปมาว่าชีวิตที่โชกโชน
21.	成功	chénggōng	（动、形）	ประสบความสำเร็จ สำเร็จ
22.	从	cóng	（副）	ตั้งแต่ไหนแต่ไรมา
23.	酸甜苦辣	suān-tián-kǔ-là		เปรี้ยว หวาน ขม เผ็ด อุปมาว่าชีวิตที่มีทั้งทุกข์และสุข
24.	段	duàn	（量）	ช่วง (คำลักษณนามของช่วงเวลา ระยะทาง ข้อความ เป็นต้น)
25.	梦	mèng	（名、动）	ความฝัน ฝัน
26.	亲人	qīnrén	（名）	ญาติพี่น้อง
27.	女儿	nǚ'ér	（名）	ลูกสาว
28.	失败	shībài	（动）	พ่ายแพ้
29.	失去	shīqù	（动）	สูญเสีย
30.	信心	xìnxīn	（名）	ความมั่นใจ ความเชื่อมั่น ความศรัทธา
31.	选择	xuǎnzé	（动）	เลือก
32.	道路	dàolù	（名）	เส้นทาง ทาง
33.	人生	rénshēng	（名）	ชีวิต (ของคนเรา) การดำรงชีวิตและการดำรงอยู่ของบุคคล
34.	退缩	tuìsuō	（动）	ถอยหนี หดกลัว
35.	取得	qǔdé	（动）	ได้รับ ได้มา
36.	鼓励	gǔlì	（动）	ให้กำลังใจ
37.	梦想	mèngxiǎng	（名、动）	ความใฝ่ฝัน ใฝ่ฝัน
38.	可笑	kěxiào	（形）	น่าหัวเราะ น่าขัน น่าตลก
39.	坚强	jiānqiáng	（形）	เข้มแข็ง แข็งแกร่ง
40.	付出	fùchū	（动）	จ่ายออกไป (ใช้กับ เงิน ค่าตอบแทน เวลา แรงกาย เป็นต้น)
41.	艰苦	jiānkǔ	（形）	ยากลำบาก

50

第四课　理想

บทที่ 4　อุดมคติ

专名 Zhuānmíng　ชื่อเฉพาะ

南京　　　Nánjīng　　　　　　　เมืองนานกิง เมืองหลวงของมณฑลเจียงซู

三　词语用法 Cíyǔ yòngfǎ　การใช้คำ

① 一点儿 + 也 / 都 + 不 / 没…… yìdiǎnr + yě/dōu + bù/méi …

"一点儿"表示数量很少，用在"不 / 没"前边表示完全否定。意思相当于"根本、完全"。"一点儿"和"不 / 没"之间常插入"也 / 都"等。例如：

"一点儿" หมายถึงมีจำนวนเพียงเล็กน้อย วางไว้หน้า "不 / 没" จะหมายถึงการปฏิเสธแบบสิ้นเชิง มีความหมายเช่นเดียวกับ "根本" หรือ "完全" ทั้งนี้ระหว่าง "一点儿" กับ "不 / 没" มักจะใส่ "也 / 都" แทรกไว้ด้วยเสมอ อย่างเช่น

（1）要去的地方是南京，可我对南京一点儿也不了解。

（2）你说的这件事我一点儿都不知道。

（3）虽然在国内学过汉语，可是刚来时，我一点儿也听不懂中国人说的话。

② 当然 dāngrán（副）แน่นอน แน่นอนว่า

"当然"表示肯定，不必怀疑。可以用在动词或形容词前，也可以用在主语前。还可以单用或回答问题。"当然……，不过……"表示转折，跟"虽然……，但是……"意义相近，但语气比较缓和。例如：

"当然" ใช้แสดงการยืนยัน ไม่ต้องเคลือบแคลงสงสัย สามารถวางไว้หน้าคำกริยาหรือคำคุณศัพท์ หรือวางไว้หน้าภาคประธานก็ได้ ทั้งยังสามารถใช้แบบเดี่ยวๆหรือใช้ตอบคำถามก็ได้ ส่วน "当然……，不过……" จะใช้แสดงการขัดแย้ง มีความหมายใกล้เคียงกับ "虽然……，但是……" แต่น้ำเสียงจะนุ่มนวลกว่า อย่างเช่น

（1）我说："这样当然好，不过，会不会太麻烦你了？"

（2）能考上理想的大学当然好，但是考不上也不要太难过。

（3）我读的是中文系，当然希望有机会去中国留学。

（4）A：你也想去桂林旅行吗？

　　　B：当然。

3 不过 búguò（连）แต่ แต่ว่า

"不过"表示转折，比"但是"的语气轻。放在后半句前边，多用于口语。例如：

"不过" ใช้แสดงการขัดแย้ง มีน้ำเสียงที่เบากว่า "但是" โดย "不过" จะวางไว้ด้านหน้าของประโยคท่อนหลัง มักใช้ในภาษาพูด อย่างเช่น

（1）我说："这样当然好，不过，会不会太麻烦你了？"

（2）房间不大，不过一个人够住了。

（3）他好像和我在一个班学习过，不过我忘了他叫什么名字。

（4）这一课的生词比较多，不过都不难。

4 简直 jiǎnzhí（副）โดยแท้ โดยสิ้นเชิง

"简直"用在动词前作状语，强调完全是这样或差不多是这样。带有夸张的语气。例如：

"简直" วางหน้าคำกริยาทำหน้าที่เป็นบทขยายภาคแสดง ใช้เน้นย้ำว่าเป็นเช่นนี้โดยแท้หรือประมาณนี้ มีน้ำเสียงพูดเกินจริง อย่างเช่น

（1）这三天里，她简直成了我的导游，带我去了南京很多有名的地方。

（2）他说的是什么？我简直一点儿也听不懂。

（3）她汉语说得简直跟中国人一样，真让人羡慕。

（4）我当时还小，什么事也不懂，简直是个小傻瓜（shǎguā，คนโง่）。

第四课　理想
บทที่ 4　อุดมคติ

⑤ 从 cóng（副） ตั้งแต่ไหนแต่ไรมา

　　副词"从"意思是"从来",表示从过去到现在都是这样。用在否定词前面。例如:

คำวิเศษณ์ "从" แปลว่า แต่ไหนแต่ไรมา แสดงความหมายว่าตั้งแต่อดีตจนถึงปัจจุบันก็เป็นเช่นนี้มาตลอด ใช้วางไว้หน้าคำบอกการปฏิเสธ อย่างเช่น

（1）半年的留学生活让我尝到了以前从没有尝过的酸甜苦辣。
（2）我从（来）不吸烟。
（3）我以前从没来过中国,这是第一次。

⑥ 偷偷儿 tōutōur（副） แอบๆ

　　表示行动不让别人知道。放在动词或动词词组前作状语,"偷偷儿"后可加"地"。例如:

หมายถึงกระทำการโดยไม่ให้ผู้อื่นรู้ ใช้วางไว้หน้าคำกริยาหรือกริยาวลีเพื่อทำหน้าที่บทขยายภาคแสดง ด้านหลัง "偷偷儿" สามารถเติม "地" ได้ อย่างเช่น

（1）有一段时间我常常一个人偷偷儿地哭,有时哭着哭着就睡着了。
（2）他看大家不注意,就偷偷儿离开了。
（3）一天,她偷偷儿把一封信放在了我的书包里。

⑦ "动词+着"+"动词+着"……"dòngcí + zhe"+"dòngcí + zhe"…
"คำกริยา + 着"+"คำกริยา + 着"…

　　"动词+着"重叠使用,表示一个动作正在进行时,另一个动作接着发生。例如:

การใช้ "คำกริยา + 着" ในรูปซ้ำคำ จะหมายถึงขณะที่กริยาหนึ่งกำลังดำเนินอยู่นั้น ก็เกิดการกระทำหนึ่งตามมา อย่างเช่น

（1）有一段时间我常常一个人偷偷儿地哭,有时哭着哭着就睡着了。
（2）她说着说着突然（tūrán, จู่ๆ ทันใด）笑了起来。
（3）晚上睡得太晚,早上起得早,上课的时候,常常听着听着就困了。

四 练习 Liànxí บทฝึกฝน

1 语音 ฝึกออกเสียง 04-4

（1）辨音辨调 ฝึกแยกแยะเสียง

专业	zhuānyè	转业	zhuǎn yè
著名	zhùmíng	出名	chū míng
心事	xīnshì	新诗	xīn shī
当然	dāngrán	坦然	tǎnrán
简直	jiǎnzhí	兼职	jiānzhí
人生	rénshēng	人参	rénshēn
可能	kěnéng	核能	hénéng
鼓励	gǔlì	孤立	gūlì

（2）朗读 ฝึกอ่านออกเสียง

书到用时方恨少，　　Shū dào yòng shí fāng hèn shǎo,
事非经过不知难。　　Shì fēi jīngguò bù zhī nán.

不到长城非好汉。　　Bú dào Chángchéng fēi hǎohàn.

少壮不努力，　　　　Shàozhuàng bù nǔlì,
老大徒伤悲。　　　　Lǎodà tú shāngbēi.

2 词语 ฝึกอ่านคำศัพท์

美好的理想	理想的专业	理想的工作	理想的家庭
著名的风景区	著名的大学	著名的律师	著名的教授
做了一个梦	梦见了我的家	梦想当翻译	祝你梦想成真
选择朋友	选择专业	选择人生道路	选择理想工作

第四课　理想

บทที่ 4　อุดมคติ

3 选词填空 เลือกคำมาเติมลงในช่องว่างให้ถูกต้อง

> 酸甜苦辣　付出　赞成　信心　简直　失败　心事　偷偷儿
> 经历　意义　不过　分别　著名　理想　当然

（1）上大学，学汉语，当翻译，一直是我的_____。

（2）妈妈非常_____我来中国留学。

（3）老师让我说出五个_____的中国人，但是，我想了半天也没有说出来。

（4）我看她最近好像有什么_____。

（5）因为是好朋友，他遇到了困难我_____要帮助他。

（6）这件羽绒服样子不太好看，_____穿着挺暖和。

（7）我_____不相信他能干出这种事。

（8）这是在机场_____时女朋友送给我的。

（9）对我来说，学习汉语的_____就是选择了一条人生的道路。将来我要用汉语工作，就是说，把自己跟中国联系在一起。

（10）这半年来，我尝够了人生的_____。但是，我觉得自己也在长大。

（11）人们常说，_____是成功之母，所以，要想成功就不要怕失败，失败了再来。

（12）我很喜欢这句歌词：不_____风雨怎么见彩虹，没有人能随随便便成功。说得多好！

（13）遇到困难时，不要失去_____，要鼓励自己，坚持下去。坚持就是胜利。

（14）不_____艰苦的努力，要想取得成功是不可能的。

（15）老师在黑板上写字时，他_____地走了出去。

④ **用括号里的词语完成句子** ใช้คำในวงเล็บเติมประโยคให้สมบูรณ์

（1）说实话，能不能实现自己的理想，我＿＿＿＿＿＿＿＿＿＿＿＿。
（一点儿＋也/都＋没……）

（2）来中国以前，我＿＿＿＿＿＿＿＿＿＿＿＿＿＿＿＿＿＿＿。
（一点儿＋也/都＋不……）

（3）这件衣服贵是贵了点儿，＿＿＿＿＿＿＿＿＿＿＿。（不过）

（4）这一课的课文虽然有点儿长，＿＿＿＿＿＿＿＿＿。（不过）

（5）这幅画儿画得太好了，画儿上的鱼＿＿＿＿＿＿＿＿＿＿＿
＿＿＿＿＿＿＿＿＿＿＿＿＿＿＿＿＿＿＿＿＿。（简直）

（6）你啊，＿＿＿＿＿＿＿＿＿＿＿＿＿＿＿＿＿＿＿。（简直）

（7）我又累又困，＿＿＿＿＿＿＿＿＿＿＿＿＿＿＿＿＿＿＿。
（看着看着/听着听着）

（8）你能帮助我＿＿＿＿＿＿＿＿＿＿＿＿＿，不过我还是想
自己把它干成。（当然）

⑤ **用括号里的词语完成会话** ใช้คำในวงเล็บเติมบทสนทนาให้สมบูรณ์

（1）A：汉语最难学的不是语法，是词语的用法。
B：当然。＿＿＿＿＿＿＿＿＿＿＿＿＿＿＿＿＿。（不过）

（2）A：要是大家都去，你去不去？
B：＿＿＿＿＿＿＿＿＿＿＿＿＿＿＿＿＿＿＿＿。（当然）

（3）A：这种颜色的你喜欢吗？
B：＿＿＿＿＿＿＿＿＿＿＿＿。（一点儿＋也/都＋不……）

（4）A：昨天晚上我做了一个梦。
B：＿＿＿＿＿＿＿＿＿＿＿＿＿＿＿＿＿＿？（梦）

（5）A：喝杯酒吧。

　　B：谢谢！不过，我_____。（从+不）

（6）A：刚才广播里说什么？

　　B：说得太快，我_____。（简直）

6 连句成段 เรียงประโยคให้เป็นข้อความที่สมบูรณ์

（1）A. 同时我还交了很多好朋友

　　B. 在中国待了一年多了，语言慢慢不再成为生活中的问题

　　C. 他们对我非常关心

　　D. 让我时时感到像在家一样的温暖

　　_____

（2）A. 一个人生活太孤单，没有依靠，如果出了问题，也没有人来帮助和安慰你

　　B. 男女双方只有结了婚，才可以合理地去养育他们的后代

　　C. 结婚是人类养育后代的一种合法的形式

　　D. 因此，我认为自己应该结婚

　　E. 不结婚只同居方便是方便，但总让人感觉到双方都不愿意负责任（zérèn, ความรับผิดชอบ）

　　_____

7 改错句 แก้ประโยคที่ผิดให้ถูกต้อง

（1）听了她的话，我心里很热乎乎。

　　_____

（2）这是很当然的事，各国人都会这样。

　　_____

（3）我昨天晚上做了一个梦，梦了我的朋友。
_____

（4）我分别朋友的时候，心里很难过。
_____

（5）我不愿意太给你麻烦。
_____

（6）他把我吃饭的样子拍照了下来。
_____

8 情景表达 ฝึกพูดตามสถานการณ์

1. 下列句子什么情景下说？ ประโยคต่อไปนี้ใช้พูดในสถานการณ์เช่นไร
   （1）想到这儿，就觉得自己很可笑。
   （2）他已经失去了信心。
   （3）这时，我心里真有点儿着急。

2. 下列情景怎么说？ จะพูดอย่างไรในสถานการณ์ต่อไปนี้
   （1）朋友失去信心的时候，你要鼓励他 / 她。
   （2）看到朋友哭的时候，你要安慰他 / 她。

9 综合填空 เติมประโยคให้สมบูรณ์

补充生词	คำศัพท์เสริม	
① 剩	shèng	มีเหลือ เหลือ
② 可爱	kě'ài	น่ารัก
③ 袋鼠	dàishǔ	จิงโจ้

第四课　理想
บทที่ 4　อุดมคติ

④ 异国风情　yìguó fēngqíng　ลักษณะที่เป็นแบบต่างชาติ
⑤ 异国他乡　yìguó tāxiāng　ต่างบ้านต่างเมือง
⑥ 急不可待　jíbùkědài　รีบร้อนทนรอไม่ได้
⑦ 特产　tèchǎn　ของดีประจำถิ่น สินค้าประจำถิ่น
⑧ 艺术品　yìshùpǐn　ศิลปวัตถุ งานศิลปะ
⑨ 制造　zhìzào　ประดิษฐ์ ผลิต ทำ สร้าง

钥匙链儿

在国外的最后几天，因为口袋里还剩下一些钱，就想把它全花①_____，给可爱的女儿买件礼物带②_____去。正好那天我们去海洋世界游玩，我终于找到了想买的东西。

那是一个小小的钥匙链儿，上面有一③_____袋鼠，样子十分可爱，看起来还带异国风情。既然到了异国他乡，当然要买带有异国色彩的礼物。我挑④_____半天，一下子买了七八个。回到宾馆，朋友们见我买的钥匙链儿，⑤_____说好，还问我在哪儿买的，他们也想去买一些回去送人。

回到家，我急不可待地把礼物拿出来给女儿看，并告诉她这些都是澳大利亚的特产，我为了买这些礼物是多么辛苦，澳大利亚的艺术品又是多么的好，女儿高兴⑥_____接过去，反复地看着，看样子也很喜欢。忽然她叫了一声："妈，你快来看，这里写的是什么？"我过去仔细一看，上面一行小字清楚地写⑦_____："Made in China"。啊！原来是中国制造的。女儿哈哈笑了⑧_____，指着我说："我的老妈呀，你可真聪明啊！"

10 交际会话 ฝึกสนทนาเพื่อการสื่อสาร

请教（2） การขอคำชี้แนะ (2)

A：老师，我想请教一下儿，怎样才能更快地提高汉语水平呢？

B：你将来打算做什么工作？

A：我想当翻译。

B：好啊。不过要当翻译，除了汉语能力，还需要掌握（zhǎngwò，มีความรู้ความเข้าใจอย่างดี）很多文化知识。

A：我知道，当翻译很不容易。我感到最缺（quē，ขาดแคลน）的也是文化知识。我的汉语也还不行，特别是读写，困难很大。您让我们写日记（rìjì，บันทึกประจำวัน）或周记，我也想写，可是，坐在电脑前，想半天也不知道该写什么。

B：我想主要是读的书少，脑子（nǎozi，สมอง）里没有多少词。

A：是！那我应该读些什么书呢？

B：真想当翻译的话，我建议你给自己做一个读书计划，并下决心去完成它。多读书，不但可以提高读和写的能力，还能掌握很多文化知识，对将来当翻译肯定有用。

A：我试试吧。谢谢老师！

Dì-wǔ kè 第五课 บทที่ 5

Huítóu zàishuō 回头再说
ไว้ค่อยว่ากัน

一 课文 Kèwén บทเรียน  05-1

我刚到北京时,听过一个相声,说北京人的口头语是"吃了吗"。后来我发现,其实,北京人最爱说的一句话是"回头再说"。

我在香港坐上中国民航的飞机,邻座的一个人用地道的英语问我:"是去北京工作吗?""不,去留学!"我回答。他是个中国人。我们就这样愉快地聊了一路。临

下飞机,他还给了我一张名片,邀请我有空儿到他家去玩儿。

到北京后的第二个周末,我给飞机上认识的这位先生打电话。他在电话里热情地说:"有时间来家里玩儿吧。"我马上高兴起来,说:"太好了!我什么时候去?"他停了一会儿说:"这一段工作太忙,回头再说吧。"可是,几乎每次打电话,他都说欢迎我去他家,同时又带上一句"回头再说"。

我开始想,不是说有空儿就让我去吗?怎么会这样不实

在?在三次"回头再说"之后,我终于去了他家。他和太太都十分热情,买菜做饭,准备了满满一桌的酒菜让我吃了个够。临了儿,他还送我好多书。我粗粗一看价钱,要五百多块钱呢,就说:"你给我这么贵的书,我一定要付钱。"他平淡地说:"这些书都是你用得着的,至于钱,回头再说吧。"之后我多次提起给他书钱的事,他都说:"回头再说吧。"

在北京的日子里,我经常听到"回头再说"这句话。它让我感到的不只是客气的推辞,更多的是温暖的等待。

那天,我在建国门上了地铁。这是我来中国后第一次坐地铁,以前从来没有坐过中国的地铁。车上人很多,下了地铁,上到地面时,我才发现那不是我要去的地方,因为没有找到熟悉的375路汽车站。正在我左顾右盼的时候,身后有两个小伙子主动跟我打招呼,我没有理他们。过了一会儿,他们看我还站在那里,就问我要去哪儿。我向他们打听去375路车站怎么走。他们说,375路车站在西直门那儿,而这儿是复兴门,离西直门还远着呢。当他们知道我要回学校时,就说:"上车吧,我们正好要去颐和园方向,可以带你一段。"我犹豫了一下儿才上了他们的车。一路上我没有说话,因为我不想跟不认识的人打交道。到了学校门口我下了车,掏出钱来要给他们的时候,两个小伙子笑着说:"我们又不是出租车,只是顺路送送你,怎么能要钱呢?"听了他们的话,我心里一热,忙向他们表示感谢,问他们叫什么名字,住在哪儿,可是他们已经把车发动起来,对我招招手说:"没准儿以后我们还会见面呢,回

第五课 回头再说

บทที่ 5 ไว้ค่อยว่ากัน

头再说吧。"说着就把车开走了。我愣在那里不知道说什么好。至今我也没有再见过这两个热情友好的小伙子。

我还要在北京学习和生活很久，和中国人打交道的日子还长着呢，可能还会遇到更多有意思的事，咱们也"回头再说"吧。

（根据《北京晚报》高子的文章改写）

回答课文问题 ตอบคำถามจากบทเรียน

（1）作者是怎么认识第一个北京人的？
（2）这个北京人的口头语是什么？
（3）作者为什么打了三次电话才被邀请去这个北京人家？
（4）这个北京人送给了作者什么东西？
（5）作者第一次坐地铁的时候，他要在哪儿换车？
（6）作者坐车的时候为什么没说话？
（7）后来作者怎么到了要去的地方？
（8）说说你在中国遇到的愉快或不愉快的事。

二 生词 Shēngcí คำศัพท์  05-2

1.	回头	huítóu	（副）	อีกประเดี๋ยว หลังจากนั้นอีกไม่นาน
2.	再说	zàishuō	（动）	ค่อยว่ากัน ค่อยคุยกัน
3.	口头语	kǒutóuyǔ	（名）	คำพูดติดปาก
4.	后来	hòulái	（名）	ต่อมา
5.	其实	qíshí	（副）	ที่จริงแล้ว
6.	民航	mínháng	（名）	การบินพลเรือน
7.	邻	lín		ที่อยู่ติดกัน ที่อยู่ข้างๆ

63

8.	地道	dìdao	（形）	ต้นตำรับ ขนานแท้ ได้มาตรฐาน
9.	回答	huídá	（动）	ตอบ
10.	名片	míngpiàn	（名）	นามบัตร
11.	几乎	jīhū	（副）	แทบจะ เกือบจะ
12.	同时	tóngshí	（名）	ขณะเดียวกัน
13.	实在	shízài	（形、副）	ตรงตามจริง จริงๆ
14.	之后	zhīhòu	（名）	หลังจากนั้น
15.	太太	tàitai	（名）	ภรรยา
16.	临了（儿）	línliǎor	（副）	สุดท้าย ในตอนท้าย
17.	粗	cū	（形）	(มอง) ผ่านๆ ไม่ละเอียด หยาบๆ
18.	价钱	jiàqian	（名）	ราคา
19.	付	fù	（动）	จ่าย (เงินหรือค่าตอบแทน)
20.	平淡	píngdàn	（形）	(กล่าว) เรียบๆ
21.	至于	zhìyú	（介）	สำหรับ ส่วนเรื่อง...
22.	日子	rìzi	（名）	วันเวลา
23.	推辞	tuīcí	（动）	บอกปัด ปฏิเสธ (คำเชิญ การนัดหมาย ของขวัญ เป็นต้น)
24.	温暖	wēnnuǎn	（形）	อบอุ่น
25.	等待	děngdài	（动）	รอคอย
26.	地面	dìmiàn	（名）	บนพื้นผิวถนน บนพื้นผิวดิน
27.	熟悉	shúxi	（动）	คุ้นเคย
28.	路	lù	（名）	สายรถประจำทาง ถนน
29.	左顾右盼	zuǒgù-yòupàn		มองซ้ายแลขวา มองไปรอบๆ
30.	主动	zhǔdòng	（形）	เป็นฝ่ายรุก เป็นฝ่ายกระทำ
31.	打招呼	dǎ zhāohu		ทักทาย

第五课　回头再说
บทที่ 5　ไว้ค่อยว่ากัน

32.	理	lǐ	（动）	สน สนใจ (ใช้ในเชิงลบ)
33.	方向	fāngxiàng	（名）	ทิศทาง
34.	犹豫	yóuyù	（形）	ลังเล
35.	打交道	dǎ jiāodao		ติดต่อคบหา
36.	顺路	shùnlù	（副、形）	ทางเดียวกัน
37.	发动	fādòng	（动）	ติดเครื่อง (รถยนต์)
38.	招手	zhāo shǒu	（动）	กวักมือ
39.	没准儿	méi zhǔnr	（动）	ไม่แน่ว่า
40.	见面	jiàn miàn	（动）	พบเจอ พบหน้า
41.	愣	lèng	（动）	ตะลึงงัน อึ้ง
42.	至今	zhìjīn	（副）	จนถึงปัจจุบัน จนถึงทุกวันนี้

专名 Zhuānmíng　ชื่อเฉพาะ

1.	中国民航	Zhōngguó Mínháng	การบินพลเรือนของจีน (Civil Aviation Administration of China หรือ CAAC)
2.	建国门	Jiànguó Mén	เจี้ยนกั๋วเหมิน (ชื่อสถานที่ในปักกิ่ง)
3.	西直门	Xīzhí Mén	ซีจื๋อเหมิน (ชื่อสถานที่ในปักกิ่ง)
4.	复兴门	Fùxīng Mén	ฟู่ซิงเหมิน (ชื่อสถานที่ในปักกิ่ง)

三　注释 Zhùshì　คำอธิบายประกอบ

① **临了儿，他还送我好多书。** ในตอนท้าย เขายังให้หนังสือฉันมาอีกมากมายหลายเล่ม

"了"读作 liǎo，"结束"的意思。"临了儿"表示将要结束的时候。

"了" อ่านว่า "liǎo" แปลว่า "เสร็จสิ้น" โดย "临了儿" จะหมายถึงช่วงเวลาที่กำลังจะเสร็จสิ้น

65

②　之后我多次提起给他书钱的事。　หลังจากนั้นฉันก็ได้พูดถึงเรื่องค่าหนังสืออีกหลายครั้ง

"提起"是"谈到""说到"的意思。例如：

"提起" มีความหมายว่า "กล่าวถึง" หรือ "พูดถึง" อย่างเช่น

一提起这件事我就生气。

③　正在我左顾右盼的时候　ขณะที่ฉันกำลังมองซ้ายแลขวาอยู่นั้น

"左顾右盼"：向左右或周围看。

"左顾右盼" หมายถึง มองซ้ายมองขวาหรือมองไปรอบๆ

四　词语用法 Cíyǔ yòngfǎ　การใช้คำ

① 其实 qíshí（副）ที่จริงแล้ว

表示所说的情况是真实的，有更正上文的作用。常用在主语前边。例如：

มีความหมายว่าสถานการณ์ที่จะพูดนั้นเป็นเรื่องจริงแท้ ใช้ในการแก้ไขถ้อยความก่อนหน้า โดยมักวางไว้ด้านหน้าของภาคประธาน อย่างเช่น

（1）其实，北京人最爱说的一句话是"回头再说"。

（2）你以为（yǐwéi，เข้าใจว่า คิดว่า）他回国了，其实他去云南旅行了。

（3）看她的样子只有三十多岁，其实她都四十多了。

（4）其实早上你不用叫他，他自己能醒（xǐng，ตื่น）。

② 再说 zàishuō（动）ค่อยว่ากัน ค่อยคุยกัน

表示等到有时间、有条件、有机会时再考虑或办理。有时表示对他人的要求委婉地拒绝或推托。例如：

หมายถึงเมื่อถึงเวลา หรือมีปัจจัยหรือมีโอกาสมาถึงค่อยคิดพิจารณาหรือดำเนินการ บางครั้งก็ใช้แสดงการปฏิเสธหรือหาข้ออ้างเพื่อบอกปัดคำขอของผู้อื่นอย่างอ้อมๆ อย่างเช่น

（1）其实，北京人最爱说的一句话是"回头再说"。

第五课　回头再说

บทที่ 5　ไว้ค่อยว่ากัน

（2）这件事以后再说吧。

（3）A：你不是想买一本《现代汉语词典》吗？

　　　B：我今天没有带钱，以后再说吧。

（4）A：我们明天去颐和园吧。

　　　B：明天我还有别的事儿，以后有空儿再说吧。

③ **实在** shízài（形、副）ตรงตามจริง จริงๆ

1. 形容词，诚实；不虚假。例如：

เป็นคำคุณศัพท์ แปลว่า ซื่อตรง ไม่จอมปลอม อย่างเช่น

（1）我开始想，不是说有空儿就让我去吗？怎么会这样不实在？

（2）跟这个小伙子没交谈几句，就觉得他挺实在。

（3）如果没有实实在在的本领（běnlǐng，ฝีมือ ความสามารถ），你就很难在比赛中取胜。

2. 副词，的确；真的。例如：

เป็นคำวิเศษณ์ แปลว่า จริงๆ อย่างเช่น

（4）要把汉语说得跟中国人一样好，实在不容易。

（5）这件事你去问她自己吧，我实在不知道。

（6）我实在爬不动了，这山太高了。

④ **用得着** yòng de zháo ได้ใช้งาน มีโอกาสได้ใช้

"需要、有用"的意思。否定式是"用不着"，表示"不需要、不用"。例如：

มีความหมายว่า จำเป็น เป็นประโยชน์ มีรูปปฏิเสธคือ "用不着" หมายถึง ไม่จำเป็น ไม่ได้ใช้ อย่างเช่น

（1）他平淡地说："这些书都是你用得着的，至于钱，回头再说吧。"

（2）这台电脑我已经用不着了，如果你用得着的话就送给你吧。

（3）家里太乱了，用不着的东西就卖了吧。

（4）有什么意见你就好好儿说，用不着生这么大气。

5 至于 zhìyú（介）สำหรับ ส่วนเรื่อง...

用在句子或分句开头，引出另一话题。"至于"后边的名词、动词等就是话题。例如：

ใช้วางไว้ต้นประโยคหรือประโยคย่อย เพื่อจะเปลี่ยนไปกล่าวถึงอีกหัวข้อหนึ่ง โดยคำนาม คำกริยาที่อยู่ด้านหลัง "至于" ก็คือหัวข้อที่จะกล่าวนั่นเอง อย่างเช่น

（1）他平淡地说："这些书都是你用得着的，至于钱，回头再说吧。"

（2）我知道这是四川菜，至于怎么做的，我就不知道了。

（3）这只是我的一点儿意见，至于你们赞成不赞成，那我就不管了。

（4）听说山本病了，至于什么病，可能玛丽清楚，你去问问玛丽吧。

五 练习 Liànxí บทฝึกฝน

1 语音 ฝึกออกเสียง 05-3

（1）辨音辨调 ฝึกแยกแยะเสียง

其实	qíshí	启事	qǐshì
民航	mínháng	迷航	míháng
招手	zhāo shǒu	招收	zhāoshōu
地道	dìdao	地道	dìdào
熟悉	shúxi	梳洗	shūxǐ
犹豫	yóuyù	由于	yóuyú
地面	dìmiàn	体面	tǐmiàn
打听	dǎting	大厅	dàtīng

第五课　回头再说

บทที่ 5　ไว้ค่อยว่ากัน

（2）朗读　ฝึกอ่านออกเสียง

入乡随俗　　　　　　　rùxiāng-suísú

事在人为　　　　　　　shìzàirénwéi

熟能生巧　　　　　　　shúnéngshēngqiǎo

勤能补拙　　　　　　　qínnéngbǔzhuō

己所不欲，勿施于人。　Jǐsuǒbúyù, wùshīyúrén.

2 词语　ฝึกอ่านคำศัพท์

邀请朋友	邀请客人	热情邀请	受到邀请
说得平淡	生活平淡	平淡地说	过得很平淡
发现问题	发现错误	发现变化	发现新问题
准备考试	准备午饭	准备出发	没有准备
跟他打交道	好打交道	不好打交道	常打交道

3 选词填空　เลือกคำมาเติมลงในช่องว่างให้ถูกต้อง

A. 打交道　地道　没准儿　实在　再说　打招呼　至于
　　犹豫　同时　其实

（1）今天没有时间了，我们明天_____吧。

（2）你看他像中国人，_____他是泰国人。

（3）她汉语说得真_____。

（4）我_____想不起来把钥匙放在什么地方了。

（5）我只听说他要去台湾开会，_____什么时候去我就不知道了。

（6）我已经努力了，_____能不能毕业，就看考试结果了。

（7）中国人_____的方法很多，像"你去哪儿了？""你吃了吗？"等都是。

（8）这件事你不能再_____了，应该决定了。

（9）你把你的地址告诉我，_____我还有机会去你们国家旅行呢。

（10）她现在不来，_____今天就不来了。

（11）学习汉语不但要学习语言，_____还要了解中国的社会和文化。

（12）学了汉语，以后跟中国人_____就方便多了。

B.

（1）我早就_____去书市买书比较便宜，所以今天我一定要去书市逛逛。　　　　　　　　　　　　（听说　打听）

（2）_____他不在这个公司了，你能不能帮我_____一下儿他到哪个公司去了。　　　　　　　（听说　打听）

（3）她从小在北京长大，汉语说得很_____，开始时我还以为她是中国人呢。　　　　　　　　　（地道　流利）

（4）她这人说话_____，你不要听她的。（没准儿　不一定）

（5）今天的晚会，他_____参加得了，我们不要等他了。
　　　　　　　　　　　　　　　　　　　（没准儿　不一定）

（6）都快九点了，又下这么大雨，今天_____她不来了。
　　　　　　　　　　　　　　　　　　　（没准儿　不一定）

4 用括号里的词语完成句子 ใช้คำในวงเล็บเติมประโยคให้สมบูรณ์

（1）爬到这儿，我已经很累了，他们还要往上爬，_____
_____。（实在）

第五课　回头再说

บทที่ 5　ไว้ค่อยว่ากัน

（2）＿＿＿＿＿＿＿＿＿＿＿＿＿＿＿，我愿意跟她交朋友。（实在）

（3）她告诉我下个月要来中国，＿＿＿＿＿＿＿＿＿＿＿＿。（至于）

（4）我听说过这本书，＿＿＿＿＿＿＿＿＿＿＿＿＿＿。（至于）

（5）我的作业还没有做完呢，晚上看不看电影，＿＿＿＿＿＿＿＿＿＿＿＿＿＿＿＿＿＿＿＿＿＿＿。（犹豫）

（6）我最后一次去上海还是两年前，＿＿＿＿＿＿＿＿＿＿。
（之后）

（7）虽然她说要买，＿＿＿＿＿＿＿＿＿＿＿＿＿。（其实）

（8）从那次跟他见面以后，＿＿＿＿＿＿＿＿＿＿＿。（至今）

5 用括号里的词语完成会话　ใช้คำในวงเล็บเติมบทสนทนาให้สมบูรณ์

（1）A：好久没去爬山了，这个星期日咱们去爬山，好吗？

　　　B：这个星期日我实在没时间，＿＿＿＿＿＿＿＿＿＿。（回头）

（2）A：给你买菜的钱。

　　　B：我这儿有钱，＿＿＿＿＿＿＿＿＿＿＿＿＿＿。（回头）

（3）A：他长得真像中国人。

　　　B：＿＿＿＿＿＿＿＿＿＿＿＿＿＿＿＿＿＿＿＿。（其实）

（4）A：你觉得他这个人怎么样？

　　　B：我觉得＿＿＿＿＿＿＿＿＿＿＿＿＿＿＿＿。（实在）

（5）A：都快八点了，他怎么还不来呢？

　　　B：＿＿＿＿＿＿＿＿＿＿＿＿＿＿＿＿＿＿。（没准儿）

（6）A：你说我去不去留学呢？

　　　B：这是多好的机会呀，＿＿＿＿＿＿＿＿＿＿＿。（犹豫）

71

6 连句成段 เรียงประโยคให้เป็นข้อความที่สมบูรณ์

（1）A. 可能是因为那里从来没有去过外国人吧
　　　B. 一天我跟一个中国朋友去了他的家乡——一个小山村
　　　C. 所以我一到，很多人就都围着我看
　　　D. 走到路上，常常听到孩子们叫："外国人！外国人！"
　　　E. 我想这是因为我的头发太黄，眼睛太蓝，跟他们长得不一样，所以他们感到奇怪

　　　_____

（2）A. 我也是名胜古迹，不能免费参观，如果你们要看我，就快来买票
　　　B. 他们一听都哈哈大笑起来
　　　C. 每人只要10块钱
　　　D. 看那么多人跟着我，我就站住了，对他们说
　　　E. 看到他们笑得那么开心，我觉得这些孩子非常可爱（kě'ài，น่ารัก）

　　　_____

7 改错句 แก้ประโยคที่ผิดให้ถูกต้อง

（1）中国人常常打招呼我"你去哪儿了？"。
　　　_____

（2）他们家有四口人，他和妻子、两个女儿子。
　　　_____

（3）我打交道了一个中国同学，她是个美丽的姑娘。
　　　_____

（4）他们招手我，但是我不想理他们。

_____

（5）今天天气不好，你要穿多衣服，不至于感冒。

_____

（6）我至今没把香港去过。

_____

8 情景表达 ฝึกพูดตามสถานการณ์

1. 下列句子什么情景下说？ ประโยคต่อไปนี้ใช้พูดในสถานการณ์เช่นไร

（1）我们愉快地聊了一路。

（2）有空儿来家里玩儿吧。

（3）最近太忙，回头再说吧。

2. 下列情景怎么说？ จะพูดอย่างไรในสถานการณ์ต่อไปนี้

（1）朋友邀请你去他家，可是你正好有事，又不能决定什么时候去。　　　　　　　　　　　　　　　　　　（至于）

（2）朋友问你暑假后还要不要继续在中国学习，你现在还决定不了。　　　　　　　　　　　　　　　　　　（犹豫）

（3）你要回国了，有些东西不需要了，你想把它们送给朋友。　　　　　　　　　　　　　　　　　　　（用不着）

9 综合填空 เติมประโยคให้สมบูรณ์

补充生词 คำศัพท์เสริม

① 占　　　zhàn　　　ยึด ครอง ครอบครอง
② 白　　　bái　　　โดยเสียเปล่า
③ 急忙　　jímáng　　รีบร้อน

④ 奇怪	qíguài	แปลก ประหลาด
⑤ 责任	zérèn	ความรับผิดชอบ
⑥ 未来	wèilái	อนาคต
⑦ 珍惜	zhēnxī	รักและทนุถนอม เห็นคุณค่า

占座位

我是去年九月到这个大学学习的。以前曾在另一个学校学过一年汉语。刚来中国时我只是想看看，玩儿玩儿，没想好好儿学，对自己没有什么要求，常常不上课，跟朋友一起到外边去逛。来到这个学校以后，才发现过去的一年真是白过了，学到的东西太少了，汉语水平一点儿也没有提高。而且，我从来没去过学校的图书馆。

这一天，因为要准备考试，宿舍楼里不太安静，我只好去图书馆复习。到阅览室一看，一个空座位也没有，所有的座位都已经有人了。这时一个中国同学让我坐他的位子，我觉得很不好意思。他还告诉我，要想在这儿看书①_____应该早点儿来。

第二天上午我没有课，所以吃了早饭就又到图书馆去了，心想这次一定能找到一个好座位。②_____进去以后，还是没有空座位，因为中国同学去得比我早得多。

第三天，我一吃完早饭，就急急忙忙往图书馆跑去，远远看到一群人站在图书馆门口等着开门。天啊！这么早就来了这么多人！

大门一开，人们就都往里走，③_____也随着人流挤了进去，还好，这次我找到了一个座位。坐在座位上，我想了好久，中国同学的学习热情怎么这么高？他们为什么这么努力呢？

后来，我认识④_____一个中国同学。看到她星期天也不休息，就问她，你们为什么这么努力呢？⑤_____看了我一眼，觉

第五课　回头再说

得我问的问题很奇怪，不过她还是回答了我的问题，而且很认真。她说："在中国考上好大学很不容易，很多同学因为少一分就进不了理想大学的门，所以，我们大学生总是感到身上有很重的责任。要说为什么，我可以告诉你，一是为了国家的富强，⑥_____是为了我自己的未来。"

我明白了。我想我应该⑦_____他们学习。从此以后，我差不多每天都来图书馆和中国同学一起学习。在拥挤的人群中，我学会了珍惜时间，⑧_____学到了很多书本上没有的东西。

10 交际会话 ฝึกสนทนาเพื่อการสื่อสาร

邀请　การเชิญ

A：最近有时间吗？

B：什么事儿？

A：请你到我家去玩儿。我刚搬了新家，你去看看，顺便吃顿便饭。

B：好啊。什么时候？

A：这个星期六上午，行吗？

B：行啊。

A：如果你先生和孩子愿意的话，一块儿来吧。

B：好，谢谢了！

A：谢什么。

推辞　การปฏิเสธคำเชิญ

A：你今晚有空儿吗？

B：我今晚要参加一个晚会。有事儿吗？

A：没什么重要事儿。咱们好久不见了，想请你来我家玩儿玩儿。

B：真对不起，我今天实在没时间。

75

第六课
Dì-liù kè
บทที่ 6

吃葡萄
Chī pútao
กินองุ่น

一 课文 Kèwén บทเรียน  06-1

　　我家院子里种着一棵葡萄树，几年来一直半死不活的。不料，去年竟然长出了许多叶子，还结了许多葡萄。当秋天到来的时候，那一串串紫红色的葡萄，看了真让人高兴。摘下来一尝，特别甜，就想送一些给别人尝尝，让大家也分享一下儿我收获的喜悦。

　　我把葡萄送给一个做生意的朋友。他接过去，用两个手指捏了一颗送进嘴里，说："好吃，好吃。"接着就问："多少钱

第六课 吃葡萄

บทที่ 6　กินองุ่น

一斤？"我说不要钱，只是想请他尝尝。他不愿意，说不能白吃，坚持要付钱。没办法，我只好收下了他的钱。

我把葡萄送给一位领导。他接过我的葡萄后一直注视着我，然后低声问："你有什么事儿要办吗？"我告诉他，我没有什么事儿，只是想让他尝尝这棵老树结的新葡萄。他吃了我的葡萄，但是从他脸上的表情看得出来，他并不相信我的话。

我把葡萄送给漂亮的女邻居。她感到有些意外，她的丈夫更是一脸的警惕。我很尴尬，忙说这是从自己家的葡萄树上摘下来的，很甜，很好吃，想请大家尝尝。那男的像吃毒药一样吃了一颗。没想到，那天晚上他们家就传来了吵架声。

我把葡萄送给隔壁的一个小孩儿。他吃了还想再吃，脸上露出甜甜的笑，嘴里也甜甜地说着："这种葡萄好甜啊！谢谢叔叔！"然后一蹦一跳地把葡萄拿走了。

我很高兴，我终于找到了一个人，一个真正吃葡萄的人。

（根据《文汇报》王建光的文章改写）

回答课文问题　ตอบคำถามจากบทเรียน

（1）作者为什么要把葡萄送给别人吃？
（2）作者送的第一个是什么人？他是什么态度？
（3）作者送的第二个是什么人？他为什么问"你有什么事儿要办吗"？
（4）作者送的第三个是什么人？那个人的丈夫为什么和她吵架？
（5）作者送的第四个是什么人？他是什么态度？
（6）你觉得这篇文章要说明什么？

汉语教程（第3版 泰文版）第三册 上
แบบเรียนภาษาจีน 3 เล่ม 1 (ฉบับภาษาไทย พิมพ์ครั้งที่ 3)

二　生词 Shēngcí　คำศัพท์ 06-2

1.	葡萄	pútao	（名）	องุ่น
2.	来	lái	（名）	ที่ผ่านมา
3.	半死不活	bànsǐ-bùhuó		จะตายแหล่มิตายแหล่
4.	不料	búliào	（连）	โดยไม่คาดคิด
5.	竟然	jìngrán	（副）	กลับ ดัน
6.	许多	xǔduō	（数）	มากมาย
7.	叶子	yèzi	（名）	ใบไม้
8.	当	dāng	（介）	เมื่อ
9.	串	chuàn	（量）	พวง (คำลักษณนามของพวงองุ่น สิ่งที่เป็นพวงหรือสิ่งที่ร้อยไว้ด้วยกัน)
10.	紫	zǐ	（形）	สีม่วง
11.	摘	zhāi	（动）	เด็ด
12.	分享	fēnxiǎng	（动）	แบ่งปัน
13.	收获	shōuhuò	（名、动）	ผลเก็บเกี่ยว เก็บเกี่ยว
14.	喜悦	xǐyuè	（形）	ปีติยินดี
15.	生意	shēngyi	（名）	การค้า ธุรกิจ
16.	手指	shǒuzhǐ	（名）	นิ้วมือ
17.	捏	niē	（动）	บีบ
18.	颗	kē	（量）	เม็ด (คำลักษณนามของสิ่งที่มีลักษณะเป็นเม็ดกลม)
19.	嘴	zuǐ	（名）	ปาก
20.	白	bái	（副）	โดยเปล่า เปล่าๆ ฟรี
21.	领导	lǐngdǎo	（名）	ผู้นำ ผู้บังคับบัญชา หัวหน้า
22.	注视	zhùshì	（动）	มองจ้องอย่างพิจารณา

第六课　吃葡萄

บทที่ 6　กินองุ่น

23.	低声	dī shēng		เสียงต่ำ
	低	dī	（形）	ต่ำ
	高声	gāo shēng		เสียงสูง
24.	表情	biǎoqíng	（名）	สีหน้า
25.	并	bìng	（副）	(ไม่)... เลย (วางหน้าคำบอกความปฏิเสธเพื่อเน้นการปฏิเสธ)
26.	邻居	línjū	（名）	เพื่อนบ้าน
27.	意外	yìwài	（形、名）	ผิดคาด คาดไม่ถึง เหตุไม่คาดฝัน อุบัติเหตุ
28.	丈夫	zhàngfu	（名）	สามี
29.	警惕	jǐngtì	（动）	ระแวดระวัง
30.	尴尬	gāngà	（形）	กระอักกระอ่วน ประดักประเดิด
31.	毒药	dúyào	（名）	ยาพิษ
32.	传	chuán	（动）	ส่งทอด ถ่ายทอด แพร่กระจาย
33.	吵架	chǎo jià	（动）	ทะเลาะ
34.	隔壁	gébì	（名）	ข้างๆ ที่อยู่ติดกัน
35.	露	lù	（动）	เผยให้เห็น เปิดให้เห็น
36.	蹦	bèng	（动）	กระโดดโลดเต้น
37.	跳	tiào	（动）	กระโดด ดีด เด้ง เต้น
38.	真正	zhēnzhèng	（形）	ที่แท้จริง

三　注释 Zhùshì　คำอธิบายประกอบ

① 几年来一直半死不活的 สองสามปีที่ผ่านมาจะตายแหล่มิตายแหล่มาโดยตลอด

"半……不……" 常用在意思相反的两个词前，表示相对的两种情况同时存在。常含有不满、不喜欢的意思。例如：

"半 …… 不 ……" มักใช้วางด้านหน้าคำสองคำที่มีความหมายตรงข้ามกัน เพื่อแสดงสภาพการณ์สองอย่างที่มีอยู่ในเวลาเดียวกัน มักแฝงนัยยะแสดงความไม่พอใจหรือไม่ชอบ อย่างเช่น

半新不旧：กลางเก่ากลางใหม่

半生不熟：ครึ่งสุกครึ่งดิบ

半懂不懂：เข้าใจแบบครึ่งๆกลางๆ

② **一脸的警惕** สีหน้าเต็มไปด้วยความระแวดระวัง

汉语的有些名词可以临时被借用来作名量词，后边可以加"的"。例如：

คำนามบางคำในภาษาจีนสามารถถูกนำมาใช้เป็นคำลักษณนามของคำนามได้แบบเฉพาะกิจ สามารถเติม "的" ไว้ด้านหลังด้วยก็ได้ อย่างเช่น

一脸汗、一手土、一桌子菜、一屋子的烟

这里的"一"有"满"的意思。"一脸的警惕"描写一个人警惕的表情。

คำว่า "一" ในที่นี้จะมีความหมายว่า "เต็มไปด้วย" โดย "一脸的警惕" เป็นการบรรยายถึงสีหน้าระแวดระวังของบุคคลๆหนึ่ง

③ **这种葡萄好甜啊！** องุ่นนี่หวานจังเลย

好，副词。表示程度深，有感叹的语气。例如：

"好" เป็นคำวิเศษณ์ ใช้แสดงระดับที่มาก มีน้ำเสียงแสดงการอุทาน อย่างเช่น

好大啊！好高啊！好热闹啊！

四 词语用法 Cíyǔ yòngfǎ การใช้คำ

① **不料 búliào（连）** โดยไม่คาดคิด

"没想到"的意思。用在后半句的开头，表示转折。例如：

มีความหมายว่า "คิดไม่ถึง" ใช้วางไว้ต้นประโยคส่วนหลัง แสดงการขัดแย้ง อย่างเช่น

（1）我家院子里种着一棵葡萄树，几年来一直半死不活的。不料，去年竟然长出了许多叶子，还结了许多葡萄。

（2）我以为（yǐwéi，เข้าใจว่า คิดว่า）她不愿意跟我一起去，不料她说很高兴和我一起去。

（3）他原来说有事儿不能来参加晚会了，不料今天他早早地就来了。

（4）已经是春天了，不料竟下起雪来了。

用法对比：“不料”和“没想到”

เปรียบเทียบการใช้: “不料”กับ“没想到”

“不料”就是“没想到”，但是“不料”是连词，不能作谓语，“没想到”可以作谓语。例如：

“不料”ก็คือ“没想到”แต่“不料”เป็นคำเชื่อม ไม่สามารถใช้เป็นภาคแสดงได้ ส่วน“没想到”สามารถทำหน้าที่เป็นภาคแสดงของประโยคได้ อย่างเช่น

（1）我们出门时天气还好好儿的，不料／没想到半路下起了雨。

（2）突然（tūrán，จู่ๆ ทันใด）发生这样的事，是我们谁都没想到／*不料的。

（3）真没想到／*不料，在这里遇到了多年不见的好朋友。

（4）谁也没想到／*不料小王会跟他结婚。

2 竟然 jìngrán（副）กลับ ดัน

表示“意外，没想到（出现这样的情况或结果）”。有时也说“竟”。常见的用法有：

หมายถึง ผิดคาด คิดไม่ถึง (ว่าจะเกิดเหตุการณ์หรือผลเช่นนี้) บางครั้งใช้“竟”เฉยๆก็ได้ โดยมีการใช้ที่พบบ่อยๆดังนี้

1 竟然＋动词词组　竟然＋กริยาวลี

（1）我家院子里种着一棵葡萄树，几年来一直半死不活的。不料，去年竟然长出了许多叶子，还结了许多葡萄。

（2）他工作太忙了，竟然把妻子的生日都忘了。

（3）没想到，昨天竟然在地铁里遇到了中学的同学。

（4）电视里说，已进入初（chū，ช่วงต้น ระยะแรก）夏的长江地区竟然下了一场雪。

2 竟然 + 形容词词组　　竟然 + คุณศัพท์วลี

（1）没想到这次考试题竟然这么简单。

（2）这种树还能开花，而且开的花竟然这么漂亮。

3 一 + 动词 yī + dòngcí 一 + คำกริยา

表示经过某一短暂的动作就得出某种结果或结论。例如：
หมายถึงกระทำกริยาหนึ่งเพียงชั่วขณะสั้นๆก็เกิดผลหรือได้ข้อสรุปอะไรบางอย่าง อย่างเช่น

（1）我摘下来一尝，特别甜。

（2）他一说，我们都笑了。

（3）我回头一看，她的车已经开过来了。

4 只是 zhǐshì（副）เพียงแต่ เพียงแค่

表示仅仅是；不过是。例如：
มีความหมายว่า "เพียงแค่" หรือ "ก็แค่" อย่างเช่น

（1）我没有什么事儿，只是想让你尝尝这棵老树结的新葡萄。

（2）我只是问问你，没有别的意思。

（3）我只是认识她，对她并不了解。

5 并 bìng（副）(ไม่)... เลย

用在否定词前边，强调否定，有反驳的语气。例如：
ใช้วางหน้าคำบอกความปฏิเสธ เพื่อเน้นย้ำการปฏิเสธ มีน้ำเสียงแสดงการโต้แย้ง อย่างเช่น

（1）他吃了我的葡萄，但是从他脸上的表情看得出来，他并不相信我的话。

（2）你说他笨，其实他并不笨。

（3）你说她回国了，其实她并没有回国，是去旅行了。

（4）我并没有对他说过这件事，不知道他是怎么知道的。

6 一……一…… yī…yī… "... ไป ... ไป" "ทุก...ทุก..." หรือ "หนึ่ง...หนึ่ง..."

"一……一……" 有多种用法。

"一……一……" มีการใช้ในหลายลักษณะ

1. 分别用在同类动词的前面，表示动作是连续的。例如：

ใช้แยกวางไว้หน้าคำกริยาประเภทเดียวกันสองตัว แสดงการกระทำที่ต่อเนื่อง อย่างเช่น

一蹦一跳、一走一拐

2. 分别用在相对的动词前面，表示动作交替进行。例如：

ใช้แยกวางไว้หน้าคำกริยาสองคำที่มีความหมายตรงข้ามกัน แสดงกริยาที่กระทำสลับคั่นกัน อย่างเช่น

一问一答

3. 分别用在两个同类名词或名词性成分前面，表示整个或数量少。例如：

ใช้แยกวางไว้หน้าคำนามหรือคำที่ใช้เป็นคำนามมีความหมายทำนองเดียวกันสองคำ เพื่อแสดงจำนวนทั้งหมดหรือจำนวนน้อยๆ อย่างเช่น

一心一意、一针一线、一草一木、一言一行、一举一动

五 练习 Liànxí บทฝึกฝน

1 语音 ฝึกออกเสียง 06-3

（1）辨音辨调 ฝึกแยกแยะเสียง

葡萄	pútao	辅导	fǔdǎo
生意	shēngyi	生疑	shēng yí
收获	shōuhuò	售货	shòu huò
意外	yìwài	以外	yǐwài
真正	zhēnzhèng	真诚	zhēnchéng

（2）朗读 ฝึกอ่านออกเสียง

不经一事，不长一智。　　　Bù jīng yí shì, bù zhǎng yí zhì.
不比不知道，一比吓一跳。　Bù bǐ bù zhīdào, yì bǐ xià yí tiào.
无求到处人情好，　　　　　Wú qiú dàochù rénqíng hǎo,
不饮随它酒价高。　　　　　Bù yǐn suí tā jiǔjià gāo.

2 词语 ฝึกอ่านคำศัพท์

一脸警惕　　　　　一脸汗　　　　　　一身汗
真正的朋友　　　　真正的友谊　　　　真正好吃
有些意外　　　　　有些犹豫　　　　　有些尴尬
分享收获的喜悦　　分享胜利的喜悦　　分享成功的喜悦
结了许多葡萄　　　结了很多山竹（shānzhú，มังคุด）
结了很多芒果（mángguǒ，มะม่วง）

3 选词填空 เลือกคำมาเติมลงในช่องว่างให้ถูกต้อง

> 高兴　许多　意外　不料　尴尬　真正　注视　传　分享
> 竟然　半死不活

（1）我不会养（yǎng，เลี้ยง）花儿，我家的花儿都让我养得_____的。

（2）我们出门时天气还很好，_____走到半路突然下起雨来了。

（3）他刚学了半年汉语，_____能说得这么好。

（4）来中国后我交了_____朋友。

（5）我愿意和朋友_____快乐。

（6）拿到毕业证时，我的心里有说不出的_____。

（7）这件事让我感到很_____。

第六课　吃葡萄

บทที่ 6　กินองุ่น

（8）他的表情很_____。

（9）他们两个是_____的朋友。

（10）这个消息是怎么_____到你耳朵（ěrduo, หู）里去的？

（11）上课时，同学们都_____着黑板。

4　**用括号里的词语完成句子** ใช้คำในวงเล็บเติมประโยคให้สมบูรณ์

（1）我正要做饭，_____。（不料）

（2）我们已经好多年没见过面了，_____。（竟然）

（3）今年，当葡萄熟了的时候，_____。（也许）

（4）我和一个中国同学去饭馆儿吃饭，吃完饭，他坚持要替我付钱，_____。（只好）

（5）我跟这位同学不太熟，_____。（只是）

（6）我对她说的那些话，_____。（意外）

5　**用括号里的词语完成会话** ใช้คำในวงเล็บเติมบทสนทนาให้สมบูรณ์

（1）A：这是你养的花儿啊？

　　B：是啊。我不太会养花儿，_____。

（半死不活）

（2）A：我送给你那盆（pén, กระถาง）花儿长得好吗？

　　B：开始的时候长得好极了，_____。（不料）

（3）A：今天，我多找一个顾客（gùkè, ลูกค้า）八十块钱，_____。（不料）

　　B：是吗？你遇到好人了。

（4）A：你听说了吗？小王跟小马离婚了。

　　B：是吗？_____。（意外）

85

（5）A：他愿意跟我们一起去吗？

B：他跟我说他愿意，可是＿＿＿＿＿＿＿＿＿＿＿＿＿＿＿。

（看得出来　并不）

6 连句成段 เรียงประโยคให้เป็นข้อความที่สมบูรณ์

（1）A. 因此，来中国留学后，我就去音乐学院找了一位老师教我弹琵琶

B. 他留给我最初的印象是太严厉，脸上没有一点儿笑容

C. 来中国以前，我就觉得中国的琵琶非常神奇，也非常有意思

D. 和老师第一次见面时我有点儿不好意思

＿＿＿＿＿＿＿＿＿＿＿＿＿＿＿＿

（2）A. 有着读书人那种"心底无私天地宽"的品格

B. 我的老师都是很好的人，他们的收入虽然远没有国外的高

C. 对外面花花绿绿的世界，他们的心里很平静

D. 可他们好像不太在乎这些

E. 因此，我感到很幸运，遇到了这么好的老师，他们的优秀品格将影响我的一生

＿＿＿＿＿＿＿＿＿＿＿＿＿＿＿＿

7 改错句 แก้ประโยคที่ผิดให้ถูกต้อง

（1）虽然我们两个不久认识，但很快成了好朋友。

＿＿＿＿＿＿＿＿＿＿＿＿＿＿＿＿

（2）今天该上口语课，老师不料没来。

＿＿＿＿＿＿＿＿＿＿＿＿＿＿＿＿

第六课　吃葡萄

บทที่ 6　กินองุ่น

（3）每次舞会她都不参加，没想到今天竟然她参加。

_____

（4）她是我的老师并是我的朋友。

_____

（5）星期六晚上我都特别睡得晚。

_____

（6）学校里的花儿开得非常特别好看。

_____

8　**情景表达** ฝึกพูดตามสถานการณ์

　1. 下列句子什么情景下说？　ประโยคต่อไปนี้ใช้พูดในสถานการณ์เช่นไร
　　（1）我想让朋友和我分享快乐和喜悦。
　　（2）没办法，我只好这样做。
　　（3）当时我真的感到非常尴尬。

　2. 下列情景怎么说？　จะพูดอย่างไรในสถานการณ์ต่อไปนี้
　　（1）你的书包丢了，不久有人给你送回来了。　　（没想到）
　　（2）你买了一件和朋友一样的衣服，但价钱却比朋友的贵得多。　　（竟然）
　　（3）你送给朋友一件小礼物，他问你为什么。　　（只是）

9　**综合填空** เติมประโยคให้สมบูรณ์

补充生词　คำศัพท์เสริม

① 搭档　　dādàng　　คู่ (ที่ร่วมกิจกรรมหรือร่วมทีม)
② 羽毛球　yǔmáoqiú　แบดมินตัน

③ 现象	xiànxiàng	ปรากฏการณ์
④ 奇怪	qíguài	แปลก ประหลาด
⑤ 埋怨	mányuàn	บ่น ต่อว่า
⑥ 闹	nào	โวยวาย ก่อกวน
⑦ 经验	jīngyàn	ประสบการณ์

换换搭档

邻居一个小女孩儿①_____一家体育馆工作。她说:"在羽毛球馆看人打球,发现一②_____非常有趣的现象。"

两对夫妻双打,当然是两位先生和各自的太太搭配。奇怪③_____是,夫妻之间常常吵架,男的说女的打④_____不对,女的说男的打⑤_____不好,两人互相埋怨,结果闹得几乎无法再继续打下⑥_____了。

这时候,邻居女孩儿很有经验地走过去,⑦_____他们"换换搭档",就是让各自的太太换到对方一边去,再开始打。

结果,球场⑧_____充满了欢笑,双方打得高高兴兴,不愿离去。

10 交际会话 ฝึกสนทนาเพื่อการสื่อสาร

追问 การซักถาม

A: 我问你一个问题,可以吗?

B: 当然可以。什么问题,你说吧。

A: 我的问题是,一个人该不该和别人分享快乐和喜悦?

B: 当然应该。一个善良的人,在他得到快乐的时候,会自然(zìrán,ย่อมที่จะ)地想到与别人分享。

第六课　吃葡萄

บทที่ 6　กินองุ่น

A：那为什么这个送葡萄的人竟遇到那么多的麻烦？

B：我想这个故事当然不只是说送葡萄，它表现的是人和人之间的关系。

A：人和人之间的关系为什么这么复杂（fùzá, ซับซ้อน）？为什么善良的人总是那么容易被误解？

B：这可能就是作者想要告诉我们的吧。

Dì-qī kè 第七课 บทที่ 7

Chéngyǔ gùshi 成语故事
นิทานสุภาษิต

一 课文 Kèwén บทเรียน

（一）滥竽充数 07-1

中国古代有一种乐器，叫作竽，吹出来的声音很好听。国王特别爱听。

国王的乐队有三百个吹竽的人。他喜欢听合奏，总是让这三百人一齐吹竽，优美的音乐让他听得入迷。一天，一个叫南郭先生的人抱着一个竽来见国王，吹牛说："我也会吹竽，而且吹得不比他们中的任何一位差。"国王相信了他的话，就收下了他，叫人给他吃的、穿的。南郭先生一点儿也不客气，专要好的吃，专挑好的穿，却把竽丢在一边。原来他根本不会吹竽。每到合奏的时候，南郭先生就坐在乐队里，做出一副吹竽的样子，骗过国王。他就这样一天天地混饭吃。

后来国王死了，他的儿子当了国王。新国王也喜欢听吹竽。不过，跟他父亲不一样的是，他爱听独奏，不喜欢听合奏。这可吓坏了南郭先生，他觉得自己再也混不下去了，就偷偷儿地溜走了。

（二）自相矛盾 07-2

从前，有个卖矛又卖盾的人，为了吸引顾客，高声叫卖："快来看，快来瞧，快来买我的盾和矛！"他先举起自己的盾说："我的盾特别坚固，不管用什么锋利的矛去刺，都刺不透。"接着，他又大声喊："快来瞧，快来看，不锋利不要钱！"一边喊一边又举起自己的矛，大声说："你们再看看我的矛，它锋利无比，不管多么坚固的盾，它都刺得透。"

站在旁边的人听了他的话，觉得很可笑。其中一个人站出来问他:"既然你的盾坚固得什么也刺不透,你的矛又锋利得什么都刺得透,那么,用你的矛去刺你的盾,结果会怎么样呢?"

这个卖矛和盾的人,被问得说不出话来。

回答课文问题 ตอบคำถามจากบทเรียน

(1)南郭先生为什么能混进乐队里去?
(2)后来南郭先生为什么溜走了?
(3)那个卖矛又卖盾的人是怎么叫卖的?
(4)别人问了他一个什么问题?
(5)这两个成语分别要说明什么?

二 生词 Shēngcí คำศัพท์  07-3

1. 成语	chéngyǔ	(名)	สำนวน สุภาษิต
2. 滥竽充数	lànyú-chōngshù		เอาแคนเพี้ยนมาสวมรอย อุปมาถึงการมั่วแปลกปลอมเข้าไปในกลุ่ม
竽	yú		เครื่องดนตรีประเภทเครื่องเป่าแบบโบราณ ของจีน มีลักษณะคล้ายแคน

第七课 成语故事
บทที่ 7 นิทานสุภาษิต

3.	乐器	yuèqì	（名）	เครื่องดนตรี
4.	吹	chuī	（动）	เป่า
5.	国王	guówáng	（名）	พระเจ้าแผ่นดิน กษัตริย์
6.	乐队	yuèduì	（名）	คณะดนตรี
7.	合奏	hézòu	（动）	บรรเลงแบบประสานเสียง
8.	一齐	yìqí	（副）	พร้อมกัน
9.	入迷	rù mí	（动）	เคลิบเคลิ้ม
10.	吹牛	chuī niú	（动）	คุยโว อวดอ้าง
11.	任何	rènhé	（代）	(สิ่งใด คนใด) ก็ตาม
12.	差	chà	（形）	แย่
13.	专	zhuān	（副）	โดยเฉพาะ
14.	丢	diū	（动）	ทิ้ง วางลง ทำหาย
15.	根本	gēnběn	（副、名、形）	โดยสิ้นเชิง พื้นฐาน รากฐาน
16.	副	fù	（量）	คำลักษณนามสำหรับท่าทาง ลักษณะ
17.	混	hùn	（动）	ปะปน ปนเป มั่วๆ
18.	死	sǐ	（动、形）	ตาย
19.	儿子	érzi	（名）	ลูกชาย
20.	独奏	dúzòu	（动）	บรรเลงเดี่ยว
21.	吓	xià	（动）	ทำให้ตกใจ
22.	溜	liū	（动）	แอบหนี ดอดหนีไป
23.	自相矛盾	zìxiāng-máodùn		ขัดแย้งกันเอง
	矛	máo	（名）	หอก
	盾	dùn	（名）	โล่
	矛盾	máodùn	（动、形、名）	ขัดแย้ง ความขัดแย้ง
24.	从前	cóngqián	（名）	แต่ก่อน
25.	吸引	xīyǐn	（动）	ดึงดูด

93

26.	顾客	gùkè	（名）	ลูกค้า
27.	叫卖	jiàomài	（动）	ร้องขาย
28.	瞧	qiáo	（动）	ดู มอง
29.	举	jǔ	（动）	ชูขึ้น ยกขึ้น
30.	坚固	jiāngù	（形）	แน่นหนา แข็งแรง แข็งแกร่ง
31.	锋利	fēnglì	（形）	คม แหลมคม
32.	刺	cì	（动）	เสียบ แทง
33.	透	tòu	（动）	ทะลุ
34.	喊	hǎn	（动）	ร้องตะโกน
35.	无比	wúbǐ	（动）	ไม่มีเปรียบ ไม่มีอะไรเทียบได้
36.	不管	bùguǎn	（连）	ไม่ว่าจะ ไม่ว่า...ก็ตาม
37.	其中	qízhōng	（名）	ในบรรดาสิ่งเหล่านั้น หนึ่งในนั้น
38.	既然	jìrán	（连）	ในเมื่อ

专名 Zhuānmíng ชื่อเฉพาะ

南郭先生　Nánguō xiānsheng　　นายหนานกัว

三　注释 Zhùshì คำอธิบายประกอบ

① **骗过国王** หลอกตบตาพระเจ้าแผ่นดินไปได้

"过"，动词。作结果补语用，表示通过、达到目的。例如：

"过" เป็นคำกริยา ทำหน้าที่เป็นบทเสริมบอกผล มีความหมายว่า ผ่านไปได้ บรรลุได้ตามเป้าหมาย อย่างเช่น

（1）你出国留学的事，怎么能瞒过父母呢，应该跟他们商量啊。

（2）你真行，这么难的考试竟然考过了八十分。

第七课　成语故事

บทที่ 7　นิทานสุภาษิต

② **南郭先生觉得自己再也混不下去了……** นายหนานกัวเห็นว่าตนนั้นคงจะตีเนียนต่อไปไม่ได้เสียแล้ว...

"动词＋下去"表示动作继续到将来。例如：

"คำกริยา＋下去" หมายถึงการกระทำดำเนินต่อจนถึงเวลาต่อมา อย่างเช่น

（1）虽然遇到了一点儿困难，但是我们公司的业务还是要开展下去。

（2）请听他说下去。

（3）她哭得说不下去了。

四　词语用法 Cíyǔ yòngfǎ　การใช้คำ

① **入迷 rù mí（动）** เคลิบเคลิ้ม

常说"对……入迷"。不能带宾语。如，不能说"我入迷音乐"，应该说"我对音乐入迷"。例如：

มักพูดว่า "对……入迷" จะตามด้วยบทกรรมเลยไม่ได้ เช่น จะพูดว่า "我入迷音乐" ไม่ได้ ให้พูดว่า "我对音乐入迷" อย่างเช่น

（1）优美的音乐让人听得入迷。

（2）他看足球比赛看得入迷。

（3）这个孩子对电脑游戏入了迷。

② **任何 rènhé（代）** (สิ่งใด คนใด) ก็ตาม

表示不论什么（人或事物）。在句子中作定语。例如：

มีความหมายว่า ไม่ว่าอะไร (ใครหรือสิ่งใด) ทำหน้าที่เป็นบทขยายคำนามในประโยค อย่างเช่น

（1）我也会吹竽，而且吹得不比他们中的任何一位差。

（2）只要你想干成一件事，就不要怕任何困难。

（3）做任何事情都不可能随随便便成功。

3 动词 + 下 dòngcí + xià คำกริยา + 下

“下”作结果补语，表示接受、容纳、完成等。例如：

“下” ทำหน้าที่เป็นบทเสริมบอกผล มีความหมายว่ายอมรับ รับเข้ามา ทำสำเร็จ เป็นต้น อย่างเช่น

（1）国王相信了他的话，就收下了他。

（2）这是我们送给你的生日礼物，请你收下吧。

（3）这个教室能坐下六十人。

（4）我把这套房子买下了。

（5）这些东西我都用不着了，都给你留下吧。

4 根本 gēnběn（副、名、形）โดยสิ้นเชิง พื้นฐาน รากฐาน

1 （副）完全、始终（多用于否定句）；本来、从来；彻底 (คำวิเศษณ์) โดยสิ้นเชิง เลย (มักใช้ในประโยคปฏิเสธ) (ไม่)...มาก่อนเลย

（1）原来他根本不会吹竽。

（2）你说的这个人我根本不认识。

（3）今天的会根本没通知我。

（4）我根本没有学过法语，怎么看得懂法文书呢？

（5）要根本解决贫困（pínkùn，ยากจน）问题，只有发展经济（jīngjì，เศรษฐกิจ）。

2 （名）事物的本源或最重要的部分 (คำนาม) ต้นตอของสิ่งๆหนึ่งหรือส่วนที่สำคัญที่สุด

（1）解决（jiějué，แก้ปัญหา แก้ไข）水的问题是这个城市发展的根本。

（2）要从根本上解决环境问题。

3 （形）最重要的；起决定作用的 (คำคุณศัพท์) ที่สำคัญที่สุด ที่มีผลต่อการตัดสินใจ

（1）王老师不但课上得好，而且对我们每个人都特别好，这就是我们大家喜欢他的根本原因。

（2）推进（tuījìn，ผลักดัน）改革是发展中国经济的一个根本问题。

第七课　成语故事

บทที่ 7　นิทานสุภาษิต

⑤ **为了** wèile（介）เพื่อ เพื่อที่จะ

表示动作的目的或动机。常用在句子开头。例如：
ใช้แสดงจุดประสงค์หรือแรงจูงใจของการกระทำ มักวางไว้ต้นประโยค อย่างเช่น

（1）为了吸引顾客，他高声叫卖。

（2）为了种树，几年来他们就吃住在山上。

（3）为了演好这个节目，他们常常练到很晚。

（4）为了跟老师学太极拳，我每天都起得很早。

用法对比："为了"和"为"

เปรียบเทียบการใช้："为了"กับ"为"

"为"可以表示行为的对象、原因和目的，而"为了"只表示动作行为的目的。"为"后边常常跟词或词组，"为了"后边可以跟词组也可以跟句子。在表示动作行为目的时可以用"为"也可以用"为了"，但是表示动作行为的对象和原因时，只能用"为"不能用"为了"。例如：

"为" สามารถใช้แสดงเป้า เหตุผลหรือจุดประสงค์ของการกระทำ แต่ "为了" ใช้แสดงจุดประสงค์ของการกระทำได้เท่านั้น โดยด้านหลัง "为" มักจะตามด้วยคำหรือกลุ่มคำ ส่วนด้านหลัง "为了" สามารถตามด้วยกลุ่มคำหรือประโยคก็ได้ เมื่อแสดงถึงจุดประสงค์ของการกระทำสามารถใช้ได้ทั้ง "为" และ "为了" แต่เมื่อแสดงเหตุผลหรือเป้าของการกระทำ จะใช้ได้แต่ "为" เท่านั้น ใช้ "为了" ไม่ได้ อย่างเช่น

（1）我学汉语是为了／为将来当翻译。

（2）为了／为能去中国留学，他每天都到咖啡馆儿打工挣钱。

（3）我真为／*为了你感到高兴。

（4）能为／*为了大家办点儿事儿，我感到很愉快。

⑥ **不管** bùguǎn（连）ไม่ว่าจะ ไม่ว่า...ก็ตาม

和"都"或"也"一起用。表示在任何条件下结果或结论都不会改变。例如：

ใช้คู่กับ "都" หรือ "也" แสดงความหมายว่าไม่ว่าในเงื่อนไขใดๆ ผลหรือข้อสรุปนั้นก็จะไม่เปลี่ยนแปลง อย่างเช่น

（1）我的盾特别坚固，不管用什么锋利的矛去刺，都刺不透。

（2）不管遇到什么情况，她都能坚持上课。

（3）不管做什么事，她都非常认真。

（4）不管你回来不回来，都给我来个电话。

（5）不管刮风还是下雨，她从来也没有迟到过。

注意："不管"后边一般要求有表示任指的疑问代词"什么、哪儿、谁、多少、怎么"等或者表示选择关系的并列成分。例如：

ข้อสังเกต: ด้านหลัง "不管" ปกติแล้วจะต้องมีคำสรรพนามแสดงคำถาม เช่น "什么", "哪儿", "谁", "多少" หรือ "怎么" ที่ใช้ระบุถึงแบบรวมๆ หรือหน่วยประโยคคู่ขนานที่แสดงความสัมพันธ์แบบให้เลือก อย่างเช่น

不能说：＊不管下大雨我们也去。

⑦ **其中 qízhōng（名）**ในบรรดาสิ่งเหล่านั้น หนึ่งในนั้น

那里面。可以作主语和定语。例如：

แปลว่า ในนั้น ใช้เป็นภาคประธานหรือบทขยายคำนามก็ได้ อย่างเช่น

（1）站在旁边的人听了他的话，觉得很可笑。其中一个人站出来问他："如果用你的矛去刺你的盾，结果会怎么样呢？"

（2）我们班一共十八个学生，其中有五个女学生。

（3）北京有很多公园，颐和园是其中最美的一个。

（4）中国有很多河，长江是其中最长的一条。

⑧ **既然 jìrán（连）**ในเมื่อ

常和"就""也""还"连用。用在复句的前一个分句中，提出一个已成为现实的情况，后一个分句据此推出结论。例如：

มักใช้ร่วมกับ "就", "也" หรือ "还" โดย "既然" จะวางไว้ในประโยคย่อยส่วนแรกของประโยคความรวม ซึ่งใช้หยิบยกถึงสภาพการณ์ที่ได้เกิดขึ้นเรียบร้อยแล้ว ส่วนประโยคย่อยท่อนหลังจะบอกข้อสรุปจากสภาพการณ์ดังกล่าว อย่างเช่น

（1）既然你的盾坚固得什么也刺不透，你的矛又锋利得什么都刺得透，那么，用你的矛去刺你的盾，结果会怎么样呢？

（2）我既然要学汉语，就一定坚持学下去。

（3）东西既然丢了，着急也没用，以后小心点儿就是了。

（4）既然病了，就回宿舍休息吧。

（5）既然你已经知道了，还问我干什么？

五 练习 Liànxí บทฝึกฝน

1 语音 ฝึกออกเสียง 07-4

（1）辨音辨调　ฝึกแยกแยะเสียง

成语	chéngyǔ	衬衣	chènyī
一齐	yìqí	一起	yìqǐ
从前	cóngqián	存钱	cún qián
顾客	gùkè	骨科	gǔkē
其中	qízhōng	期中	qīzhōng

（2）朗读　ฝึกอ่านออกเสียง

百闻不如一见。　　Bǎi wén bùrú yí jiàn.
初生牛犊不怕虎。　Chū shēng niúdú bú pà hǔ.
人怕出名猪怕壮。　Rén pà chū míng zhū pà zhuàng.
情人眼里出西施。　Qíngrén yǎnli chū Xīshī.

2 词语 ฝึกอ่านคำศัพท์

一齐唱　　　　一齐走　　　　一齐读
听得入迷　　　看得入迷　　　学得入迷

任何人　　　　任何事情　　　　任何地方

根本问题　　　根本解决　　　　根本不可能

无比锋利　　　无比高兴　　　　无比幸福

混不下去了　　说不下去了　　　学不下去了

一句话也说不出来　　　　一个句子也想不出来

3 选词填空 เลือกคำมาเติมลงในช่องว่างให้ถูกต้อง

A. 可笑　一齐　矛盾　入迷　优美　偷偷儿　既然　其中
　　不管　根本

(1) 请同学们_____跟我读课文。

(2) 这优美的音乐让我听得_____。

(3) 她来中国以前_____没有学过汉语，你看她现在说得多好啊！

(4) _____遇到什么困难都不要怕。

(5) 她的话前后_____，不知道应该相信哪一句。

(6) 我怕父母不同意，正_____办着出国手续呢。

(7) 我从来没有见过这么_____的人。

(8) 我有两个照相机，_____一个是朋友送给我的。

(9) _____你喜欢这张画儿，就送给你吧。

(10) 这首民歌真是太_____了！

B.

(1) 这种乐器吹_____的声音特别好听。
　　A. 出去　　　B. 上去　　　C. 出来　　　D. 起来

（2）她已经病了一个多月了，要是再病________，可能就得回国了。

A. 过去　　B. 下去　　C. 过来　　D. 起来

（3）我想给他发邮件，但是写了半天，连一句话也没写________。

A. 上来　　B. 出来　　C. 下来　　D. 出去

（4）老师问："谁愿意到黑板前边来听写？"我站________说："老师，我来吧。"

A. 出来　　B. 起来　　C. 过去　　D. 上来

（5）她难过得说________了。

A. 不下来　　B. 不出来　　C. 不下去　　D. 不起来

4 用括号里的词语完成句子 ใช้คำในวงเล็บเติมประโยคให้สมบูรณ์

（1）我爸爸也喜欢听音乐，________________。（不过）

（2）我看这个小伙子很实在，________________。（就）

（3）我住在三层，昨天晚上我喝多了，回到宿舍，掏出钥匙开门，可怎么也开不开，________________。（原来）

（4）既然你还想再学一年，________________。（就）

（5）他是一个非常热情的人，________________，他都愿意帮忙。（不管）

（6）________________，我都会坚持下去的。（不管）

（7）________________，她没有告诉朋友。（为了）

（8）________________，他每天都起得很早。（为了）

5 用括号里的词语完成会话 ใช้คำในวงเล็บเติมบทสนทนาให้สมบูรณ์

（1）A：这次汉语节目表演你演得真不错！

B：哪里，_____。（滥竽充数）

（2）A：听说你妈妈住院了，你要不要回家去看看？

B：我_____，我很想回家去看看，可是马上要考试了。（矛盾）

（3）A：他说一次能喝五瓶啤酒，你信不信？

B：_____。（吹牛）

（4）A：你昨天不是跟他一起去的吗？

B：没有啊，_____。（根本）

（5）A：你们不是好朋友吗？

B：谁说的？_____。（根本）

（6）A：星期一就要考试了。

B：_____，我们星期日晚上一定要回到学校。（不管）

（7）A：你到这儿来，你父母知道吗？

B：他们不知道，_____。（偷偷儿）

（8）A：他说他看了昨天的比赛，可是我问他比赛的结果，他又说不知道。

B：_____。（自相矛盾）

6 连句成段 เรียงประโยคให้เป็นข้อความที่สมบูรณ์

（1）A. 这时，就听他们开始聊起我来了

B. 因为旅行太累了，实在没有精神跟身边的中国人聊天儿了

第七课　成语故事

บทที่ 7　นิทานสุภาษิต

　　C. 有一次我坐在回北京的火车上

　　D. 就装出一句汉语也不懂的样子，把眼睛一闭，靠在椅子上

　　_____

（2）A. 这个说，他可能是美国人；那个说，他一定是德国人

　　B. 为了继续听下去，我好容易才让自己没笑出来

　　C. 他们的话说得特有意思

　　D. 有的说，他穿着一条旧裤子，是个穷留学生；有的说，他也许是个记者

　　_____

7 改错句 แก้ประโยคที่ผิดให้ถูกต้อง

（1）她已经偷偷儿病了好几天了，我们都不知道。

　　_____

（2）既然你病了，就不想去上课。

　　_____

（3）既然这些是我学过的生词，所以我记住了。

　　_____

（4）不管天气不好，我们也得去上课。

　　_____

（5）不管这个问题非常难，我们都把它要解决（jiějué, แก้ปัญหา แก้ไข）。

　　_____

（6）不管下大雨，我们也不怕。

（7）不但他不上课，而且去玩儿。

（8）老师的问题，我不但不会回答，她也不会回答。

8 情景表达 ฝึกพูดตามสถานการณ์

1. 下列句子什么情景下说？ ประโยคต่อไปนี้ใช้พูดในสถานการณ์เช่นไร
   （1）我参加，不过我是滥竽充数。
   （2）你这么说不是自相矛盾吗？
   （3）你又吹牛。

2. 下列情景怎么说？ จะพูดอย่างไรในสถานการณ์ต่อไปนี้
   （1）一个朋友说他一次能吃十个包子，你不相信。
   （2）你们班要跟别的班踢足球比赛，你们班的队还少一个人，同学要你参加，你踢得不太好，但还是参加了。
   （3）一个人常常对别人说自己不怕冷，但是每天穿得比别人都多。

9 综合填空 เติมประโยคให้สมบูรณ์

补充生词 คำศัพท์เสริม

① 刻舟求剑	kèzhōu-qiújiàn	แกะเครื่องหมายที่เรือเพื่อหากระบี่ อุปมาว่ายึดมั่นในกรอบอันคร่ำครึโดยไม่ยอมรับรู้ว่า สถานการณ์เปลี่ยนแปลงไป
刻	kè	แกะสลัก
剑	jiàn	กระบี่

第七课　成语故事

บทที่ 7　นิทานสุภาษิต

② 记号　　jìhào　　　เครื่องหมาย สัญลักษณ์
③ 岸　　　àn　　　　ฝั่ง
④ 急忙　　jímáng　　รีบร้อน

刻舟求剑

　　从前，有一个人坐船过①_____，船走到河中间的时候，他不小心②_____身上带的剑掉到河里③_____了。这个人马上在船上刻了一个记号，还自言自语地说："我的剑就是④_____这儿掉到河里去的。"

　　船在河里走了好久，终于到了岸边。这个人急忙从船上刻着记号的地方跳下水⑤_____，找他的剑。你想，他怎么能⑥_____到他的剑呢？

　　这也是中国一个很有名的成语故事，名字叫"刻舟求剑"。

10　交际会话 ฝึกสนทนาเพื่อการสื่อสาร

安慰　การปลอบใจ

A：我觉得中国人的想法很有意思。

B：你又发现什么有趣的事儿了？

A：有一次，我跟田芳一起去买东西，把钱包丢了。田芳对我说，丢了就丢了，别难过了，破财免灾。

B：什么意思？

A：开始我也不知道是什么意思，她就给我解释说，一个人丢了钱或什么东西，这就叫"破财"。因为破了财，所以可以免除（miǎnchú, รอดพ้น）灾害（zāihài, เภทภัย）。比如，不生病，不受伤，不出车祸（chēhuò, อุบัติเหตุทางรถยนต์），等等。

B：真的吗？

A：谁知道呢？不过，我丢了钱包以后，真的没有生过病，也没出过车祸。

B：你以前常生病吗？

A：我以前也不常生病，身体很健康。可是，我以前也常常丢钱丢东西呀。

Dì-bā kè
第八课
บทที่ 8

Liàn'ài gùshi
恋爱故事
เรื่องเล่าความรัก

一 课文 Kèwén บทเรียน  08-1

我们班的赵霞聪明漂亮，大方开朗，是个人见人爱的女孩儿。我当然也很喜欢她，但我从没有跟别人说过，也没有向她做过任何表示，这是我心中的一个秘密，因为我知道，我的好朋友余辉也很喜欢她。

余辉和赵霞的家离得很近，他每次来找我玩儿都带着赵霞。看着心爱的女孩儿跟自己的好朋友有说有笑的情景，我心里有一种说不出的滋味儿，常常表现得很不自然，所以我总是尽量不跟他们在一起。

那是一个冬天的上午，天很冷，我病了，没去上课，一个人无聊地待在家里。忽然有人敲门，我开门一看，是赵霞。她手捧一束鲜花站在门口，脸冻得红红的，笑着问："我可以进去吗？"我请她进来。亲切的问候，浅浅的微笑，再加上这束鲜花，我感动得眼泪都快要流出来了。整个上午我都很开心。第一次和自己心爱的姑娘说了那么多话，我想，我已经不知不觉地表示了对她的感情。

一天，我突然发现电子信箱里有一封信，打开一看，是赵

霞写的。信中说，她和余辉只是普通的朋友，她真正喜欢的是我。我立刻高兴得跳了起来，但是兴奋中也带着淡淡的忧愁。一连好几个晚上，我都翻来覆去睡不着。我想了很多，心里很矛盾。一个是自己爱恋已久的女孩儿，一个是自己最好的朋友，失去谁我都觉得是很大的遗憾。该怎么办呢？

我给赵霞回了一封信，把自己矛盾的心情告诉了她。

一个星期六晚上，余辉打电话要我去他家。当我赶到时，他已经喝了很多酒，哭着对我说："我失恋了，赵霞不喜欢我。而且她告诉我，她早就有男朋友了。"我默默地看着余辉，除了陪他喝酒以外，我还能做什么呢？

赵霞有男朋友的消息很快就在班上传开了。有人说她的男朋友是外交大学的研究生，长得很帅，学习也很好，正准备出国留学呢。说得跟真的一样，同学们都相信了。

后来，余辉有了新的女朋友。赵霞跟我恋爱的消息才慢慢公开。余辉问我："你们是怎么走到一起的？"我说："赵霞的男朋友出国后就把她给甩了，于是我们就走到了一起。"

"我早就料到那家伙不是好东西。"余辉说。

现在赵霞已经成了我的妻子，余辉仍然是我最好的朋友。

回答课文问题 ตอบคำถามจากบทเรียน

（1）赵霞是一个什么样的女孩儿？你遇到过这样的女孩儿吗？

（2）为什么"我"看到余辉和赵霞在一起，心里就有一种说不出的滋味儿？你尝过这样的滋味儿吗？

（3）"我"为什么尽量不跟他们在一起？

（4）"我"病了，为什么还觉得很开心？

（5）赵霞到底喜欢谁？

（6）当知道赵霞喜欢"我"的时候，"我"是什么感觉？

（7）"我"的心里为什么很矛盾？如果是你，你会怎么办？

（8）赵霞跟"我"恋爱的消息是什么时候公开的？

（9）"我"处理问题的方法你赞成吗？为什么？

二 生词 Shēngcí คำศัพท์  08-2

1.	恋爱	liàn'ài	（动、名）	มีความรัก
2.	聪明	cōngming	（形）	ฉลาด
3.	大方	dàfang	（形）	ใจกว้าง
4.	开朗	kāilǎng	（形）	(ความคิด จิตใจ นิสัย) มองโลกในแง่ดี สนุกสนานร่าเริง
5.	女孩儿	nǚháir	（名）	เด็กผู้หญิง เด็กสาว
	男孩儿	nánháir	（名）	เด็กผู้ชาย เด็กหนุ่ม
6.	秘密	mìmì	（名）	ความลับ
7.	心爱	xīn'ài	（形）	ที่มีใจให้ ที่รักชอบ
8.	有说有笑	yǒushuō-yǒuxiào		พูดคุยหัวเราะ หัวเราะต่อกระซิก
9.	滋味（儿）	zīwèir	（名）	รสชาติ (ความรู้สึก)
10.	自然	zìrán	（形、名）	เป็นธรรมชาติ ธรรมชาติ
11.	尽量	jǐnliàng	（副）	พยายามเต็มที่ พยายามอย่างยิ่ง
12.	无聊	wúliáo	（形）	น่าเบื่อ รู้สึกเบื่อ
13.	待	dāi	（动）	อยู่
14.	敲	qiāo	（动）	เคาะ

15.	捧	pěng	（动）	ประคองด้วยสองมือ
16.	束	shù	（量）	ช่อ (คำลักษณนามของช่อดอกไม้)
17.	亲切	qīnqiè	（形）	อย่างสนิทสนม เป็นกันเอง
18.	问候	wènhòu	（动）	ถามสารทุกข์สุขดิบ ทักทาย
19.	微笑	wēixiào	（名、动）	ยิ้ม
20.	加	jiā	（动）	บวก เพิ่ม
21.	整个	zhěnggè	（形）	ทั้งหมด ทั้ง... ตลอด...
22.	不知不觉	bùzhī-bùjué		โดยไม่ทันรู้ตัว โดยไม่รู้เนื้อรู้ตัว
23.	突然	tūrán	（形）	จู่ๆ ทันใด
24.	电子信箱	diànzǐ xìnxiāng		กล่องข้อความอีเมล
25.	普通	pǔtōng	（形）	ธรรมดา ทั่วๆไป
26.	立刻	lìkè	（副）	ทันที
27.	淡	dàn	（形）	บางๆ อ่อนๆ (ไม่เข้มข้น)
28.	忧愁	yōuchóu	（形）	เป็นทุกข์ กลัดกลุ้ม
29.	一连	yìlián	（副）	ติดต่อกัน
30.	翻来覆去	fānlái-fùqù		พลิกไปพลิกมา พลิกตัวไปมา
31.	爱恋	àiliàn	（动）	รักชอบ
32.	失恋	shī liàn	（动）	อกหัก
33.	男朋友	nánpéngyou	（名）	แฟนหนุ่ม แฟน (ที่เป็นเพศชาย)
34.	默默	mòmò	（副）	อย่างเงียบๆ
35.	消息	xiāoxi	（名）	ข่าว ข่าวคราว
36.	外交	wàijiāo	（名）	การทูต ความสัมพันธ์ระหว่างประเทศ
37.	女朋友	nǚpéngyou	（名）	แฟนสาว แฟน (ที่เป็นเพศหญิง)
38.	公开	gōngkāi	（动、形）	เปิดเผย เป็นที่รับรู้

第八课　恋爱故事

บทที่ 8　เรื่องเล่าความรัก

39.	一起	yìqǐ	（名）	ด้วยกัน ที่เดียวกัน
40.	甩	shuǎi	（动）	ทิ้ง โยนทิ้ง
41.	料	liào	（动）	คาดไว้
42.	家伙	jiāhuo	（名）	เจ้าหมอนั่น ไอ้หนุ่มนั่น
43.	仍然	réngrán	（副）	ยังคง

专名 Zhuānmíng　ชื่อเฉพาะ

| 1. | 赵霞 | Zhào Xiá | จ้าวเสีย (ชื่อคน) |
| 2. | 余辉 | Yú Huī | อวี๋ฮุย (ชื่อคน) |

三　注释 Zhùshì　คำอธิบายประกอบ

我早就料到那家伙不是好东西。 ฉันคาดไว้แล้วว่าเจ้าหมอนั่นต้องไม่ใช่คนดีอะไร

汉语常用"东西"这个词来骂人，表示对某人的厌恶和不满。例如：
ในภาษาจีนนั้นมักใช้คำว่า "东西" ในการด่าคน แสดงความรังเกียจหรือไม่พอใจบุคคลนั้นๆ อย่างเช่น

（1）这家伙不是个东西。

（2）你是什么东西？为什么打人？

把小孩儿说成"小东西"则有亲切、喜爱的感情。例如：
แต่เมื่อเรียกเด็กๆ ว่า "小东西" กลับเป็นการแสดงความรู้สึกสนิทสนมเป็นกันเองและรักเอ็นดู อย่างเช่น

（3）这个小东西，真聪明！

四　词语用法 Cíyǔ yòngfǎ　การใช้คำ

① 尽量 jǐnliàng（副） พยายามเต็มที่ พยายามอย่างยิ่ง

表示力求达到最大限度。在句子中作状语。例如：
หมายถึงพยายามให้สุดความสามารถ ใช้เป็นบทขยายภาคแสดงในประโยค อย่างเช่น

(1) 看着心爱的女孩儿跟自己的好朋友有说有笑的情景，我心里有一种说不出的滋味儿，常常表现得很不自然，所以我总是尽量不跟他们在一起。

(2) 你放心吧，只要我能做到的，我会尽量帮忙。

(3) 在课堂上，要尽量多说、多问，这样才能提高听说能力。

(4) 明天希望大家尽量早点儿来。

② **立刻 lìkè（副）** ทันที

表示紧接着某个时候，很快地。在句子中作状语。例如：

หมายถึงเกิดต่อจากเวลาหนึ่งทันที หรือ (กระทำ)โดยเร็ว ใช้เป็นบทขยายภาคแสดงในประโยค อย่างเช่น

(1) 她信中说，她真正喜欢的是我。我立刻高兴得跳了起来。

(2) 听到这个消息，她立刻难过得哭了起来。

(3) 请你立刻到办公室去，老师在那儿等你呢。

(4) 吃了早饭我就立刻去机场接她。

用法对比："立刻"和"马上"

เปรียบเทียบการใช้："立刻"กับ"马上"

"立刻"表示动作发生的时间比"马上"更短。例如：

"立刻"ใช้แสดงการกระทำหนึ่งๆเกิดขึ้นในเวลาอันสั้นกว่า"马上"อย่างเช่น

(1) 我下了课就立刻/马上去医院看你。

(2) 我弟弟马上/* 立刻就要毕业了。

(3) 飞机马上/* 立刻就要起飞了，请大家系好安全带。

③ **一连 yìlián（副）** ติดต่อกัน

表示动作连续不断或情况连续发生。在句子中作状语。例如：

หมายถึงกระทำต่อเนื่องไปโดยไม่ขาดตอนหรือสภาพการณ์ที่เกิดติดต่อไปเรื่อยๆ ใช้เป็นบทขยายภาคแสดงในประโยค อย่างเช่น

（1）一连好几个晚上，我都翻来覆去睡不着。

（2）一连下了两天雨，路上到处都是水。

（3）我一连喊他了好几声，他才听见。

（4）我一连给她写了好几封邮件，她都没有回。

4 **仍然 / 仍** réngrán/réng（副）ยังคง

"仍然"和"仍"都是"还"（ยังคง）的意思，表示情况持续不变或恢复原状。用于动词或形容词前作状语。例如：

"仍然"และ"仍" มีความหมายว่า "ยังคง" เหมือนกัน หมายถึงคงสภาพต่อไปไม่เปลี่ยนแปลงหรือคืนสภาพเดิมที่เคยเป็น ใช้วางไว้หน้าคำกริยาหรือคำคุณศัพท์เพื่อเป็นบทขยายภาคแสดง อย่างเช่น

（1）现在赵霞已经成了我的妻子，余辉仍然是我最好的朋友。

（余辉以前就是我的好朋友。）

（2）昨天有雨，今天仍然有雨。

（3）这个语法老师已经讲过了，可是我仍然不太懂。

（老师讲的这个语法以前我就不懂。）

五 练习 Liànxí บทฝึกฝน

1 语音 ฝึกออกเสียง 08-3

（1）辨音辨调 ฝึกแยกแยะเสียง

微笑	wēixiào	微小	wēixiǎo
整个	zhěnggè	整合	zhěnghé
立刻	lìkè	理科	lǐkē
一连	yìlián	依恋	yīliàn
外交	wàijiāo	外教	wàijiào
仍然	réngrán	忍让	rěnràng

汉语教程（第3版 泰文版）第三册 上

แบบเรียนภาษาจีน 3 เล่ม 1 (ฉบับภาษาไทย พิมพ์ครั้งที่ 3)

（2）朗读　ฝึกอ่านออกเสียง

在天愿作比翼鸟，　　Zài tiān yuàn zuò bǐyìniǎo,
在地愿为连理枝。　　Zài dì yuàn wéi liánlǐzhī.

两情若是久长时，　　Liǎng qíng ruò shì jiǔcháng shí,
又岂在朝朝暮暮？　　Yòu qǐ zài zhāozhāo-mùmù?

② 词语　ฝึกอ่านคำศัพท์

尽量去做	尽量去办	尽量参加	尽量早点儿回来
很亲切	感到亲切	亲切的问候	亲切地说
整个人	整个上午	整个会场	整个社会
人见人爱	不知不觉	有说有笑	翻来覆去
立刻回来	立刻回去	立刻出发	立刻去买
默默地待着	默默地看着	默默地等着	默默地站着

③ 选词填空　เลือกคำมาเติมลงในช่องว่างให้ถูกต้อง

> A. 有说有笑　无聊　秘密　问候　开朗　尽量　不知不觉
>   自然　滋味儿

（1）时间过得真快啊，_____来中国已经快一年了。

（2）她是一个性格_____的女孩儿，很多男孩儿都喜欢她。

（3）A：谁心里都可能有一个不可说出的_____，你有没有？

　　　B：当然有了，不过，说出来还叫"秘密"吗？

（4）一下课同学们就_____地往食堂走去。

（5）第一次恋爱失败了，她心里真不是_____。

（6）请代我_____你的父母，祝他们身体健康。

第八课　恋爱故事

บทที่ 8　เรื่องเล่าความรัก

（7）女孩儿长得漂亮，_____会引起男孩儿的注意。

（8）我会_____把这件事做好，你就放心吧。

（9）星期天，同学们都出去了，我一个人待在宿舍里，觉得很_____。

B.

（1）她是我_____的姑娘。　　　　　　（心爱　热爱）

（2）他非常_____这个工作。　　　　　　（心爱　热爱）

（3）事情来得太_____，我一点儿准备都没有。

（突然　忽然）

（4）世界上常常会发生一些_____事件（shìjiàn，เหตุการณ์）。

（突然　忽然）

（5）我虽然喜欢他，但是从来没有做出任何_____。

（表示　表达）

（6）现在我还不能用汉语自由地_____自己的想法。

（表示　表达）

4 用括号里的词语完成句子 ใช้คำในวงเล็บเติมประโยคให้สมบูรณ์

（1）时间过得真快，_____。（不知不觉）

（2）一下课，同学们就_____。（有说有笑）

（3）听到这个消息，我躺在床上_____。（翻来覆去）

（4）那种感觉，我现在用汉语还_____。（表达）

（5）虽然是第一次参加演出，但是_____。（自然）

（6）看到自己喜欢的女孩儿跟别人结了婚，_____。（说不出）

5 **用括号里的词语完成会话** ใช้คำในวงเล็บเติมบทสนทนาให้สมบูรณ์

(1) A: _____？（喜欢）
　　B: 我喜欢漂亮但是不太聪明的女孩儿。
　　A: _____？
　　B: 因为我就不太聪明。

(2) A: _____？（失恋、滋味儿）
　　B: 当然尝过。
　　A: _____？
　　B: 那种滋味儿我现在用汉语还说不出来。

(3) A: 他最近怎么了？_____？（一连）
　　B: 他生病了。

(4) A: 我想去西安旅行，你愿意陪我去吗？
　　B: _____。（当然）

(5) A: 我们明天什么时候出发？
　　B: _____。（尽量）

(6) A: 他下学期还在这儿学习吗？
　　B: _____。（仍然）

6 **连句成段** เรียงประโยคให้เป็นข้อความที่สมบูรณ์

(1) A. 看来这个愿望很快就要实现了
　　B. 去年我来到了中国
　　C. 俗话说，"百闻不如一见"，我一直想，如果有机会一定到三峡去看看

D. 以前，我在杂志上、画报上，看见过很多描写长江三峡的文章和照片

_____

（2）A. 不料，他的妈妈突然病了，来电话让他回国

B. 然后买好火车票，坐上开往重庆的火车，就到三峡游览去了

C. 我只好一个人去，那天，我先把朋友送走

D. 学校放假了，我就和一个朋友商量好，准备一起去三峡

_____

7 改错句 แก้ประโยคที่ผิดให้ถูกต้อง

（1）她是一个很漂亮和很聪明的姑娘，我很喜欢她。
_____

（2）我很爱她，但是她不知不觉。
_____

（3）他失恋了一个女朋友，很痛苦。
_____

（4）最近我的心里矛矛盾盾的，不知道出国留学好呢，还是在国内上大学好。
_____

（5）他一连三天不上课了。
_____

（6）请大家尽量地唱吧。
_____

汉语教程（第3版 泰文版）第三册 上

แบบเรียนภาษาจีน 3 เล่ม 1 (ฉบับภาษาไทย พิมพ์ครั้งที่ 3)

8 情景表达 ฝึกพูดตามสถานการณ์

1. 下列句子什么情景下说？ ประโยคต่อไปนี้ใช้พูดในสถานการณ์เช่นไร

（1）这是我心中的一个秘密。

（2）看到这种情景，我心里有一种说不出的滋味儿。

（3）我感到非常遗憾。

2. 下列情景怎么说？ จะพูดอย่างไรในสถานการณ์ต่อไปนี้

（1）你得到一个好消息或遇到一件好事，晚上怎么也睡不着觉。

（翻来覆去）

（2）他女朋友又有了新的男朋友，不愿意再跟他交往了。（甩）

（3）你觉得时间过得很快，来中国已经快一年了。（不知不觉）

9 综合填空 เติมประโยคให้สมบูรณ์

补充生词 คำศัพท์เสริม

① 看法	kànfǎ	ความเห็น ความคิดเห็น
② 各自	gèzì	แต่ละฝ่าย
③ 互不相让	hù bù xiāng ràng	ไม่มีใครยอมใคร
④ 随和	suíhé	โอนอ่อนผ่อนตาม
⑤ 让步	ràng bù	ยอมให้
⑥ 迈步	mài bù	ก้าวเท้า ก้าวออก

等　待

半个月前，我和男朋友吵①_____一架，到现在我们都不说话，我心里②_____难过。原因是我们对一件事的看法不③_____。他觉得这件事他做得对，可我觉得自己也没有错。

④_____各自坚持自己的看法，互不相让。我这个人平时很随和，⑤_____这件事我觉得不能让步。半个月了，我很想⑥_____他和好，可又迈不出第一步。我还在等待，等着他主动跟我和好，如果他还不主动，只好我主动⑦_____，没办法，⑧_____我太爱他了。

10 交际会话 ฝึกสนทนาเพื่อการสื่อสาร

假设与评论　การสมมติและการแสดงความเห็น

A：宋博善，考你个问题。

B：什么问题？你说吧。

A：如果你妈妈、女友和你坐一条船过河，当船到河中间，要下沉（chén, จม）时，必须有一个人离开才能使另外两个人得救（déjiù, รอดชีวิต ได้รับการช่วยชีวิต），你会怎么办？

B：嗐！这是个老掉牙（lǎo diàoyá, เก่าจนฟันร่วง โบราณมาก）的问题了。

A：不管它老不老，我就想听听，你怎么回答。

B：别人可能觉得这是个最难回答的问题，其实，在我看来，很简单。

A：又吹。你说说，你遇到这样的情况，到底该怎么办？

B：如果真遇到这样的情况，当然是我自己跳下河去，让她们活下来啊。

A：为什么这样呢？

B：很简单，责任（zérèn, ความรับผิดชอบ）！因为我觉得一个男子汉（nánzǐhàn, ลูกผู้ชาย）就应该这样。

A：好！佩服！

Dì-jiǔ kè
第九课
บทที่ 9

Xìngfú de gǎnjué
幸福的感觉
ความรู้สึกเป็นสุข

一 课文 Kèwén บทเรียน  09-1

到底什么是幸福？谁能说清楚？

没有人能说清楚有多少钱、有多大权力算是得到了幸福；也没有人能说清楚有多少儿女、有多少朋友算是得到了幸福；更没有人能说清楚拥有多少感情算是得到了幸福……因为幸福完全是个人行为，永远没有统一的标准，也没有不变的标准。

幸福其实就是一种个人的感觉，我们每个人都可以得到幸福，只要你心中有幸福的感觉。

曾经读过一个让我感动的故事。一个亿万富翁，却对一块糖充满感情。原来，他小时候家里很穷，从没吃过糖。有一次在路上，一个好心人给了他一块糖。后来他回忆当时的情景，他不知道那种滋味儿叫甜，只是感觉到一种从来没有过的

第九课　幸福的感觉
บทที่ 9　ความรู้สึกเป็นสุข

幸福。后来，这个穷孩子靠自己的努力成了富翁，同时也成了有名的慈善家。他说："我每帮助一个人，都会想起当初那块糖，就会感激那位给我糖吃的好心人。一块糖只是甜在嘴里，而他的善良却甜透了我的心。现在我吃什么喝什么都没有了那种甜到心里的感觉，只有多做善事，帮助别人，回报社会，才能找回第一次吃到糖时的那种感觉。"——对他来说，幸福就是让别人过得更美好。

我有一个邻居，她丈夫爱上了别的女人，提出和她离婚。离婚的时候她只有一个条件：儿子由她抚养。她收入不高，可她脸上总是带着笑容，那笑容可不是装出来的。为了抚养儿子，她每天都辛辛苦苦地工作着。可是她说："我从来不觉得苦和累，只要一看到儿子的笑脸，就觉得自己是世界上最幸福的人。"——对她来说，幸福就是看到儿子的笑脸。

对我来说，幸福是什么呢？是读到一本好书，是与朋友聊一个有趣的话题，是从自己不多的收入里拿出一部分钱捐给希望工程，是看到那些失学的孩子又背起书包回到学校，是看到那些以前贫穷的人们过上了好日子，是看到我的祖国一天天走向富强，当然还有老母亲和全家人都健康、平安、快乐……这些都是我的幸福。

幸福永远没有统一的标准，只要你心里感觉到幸福，你就是一个幸福的人。

（根据《北京晚报》王书春的文章改写）

汉语教程（第3版 泰文版）第三册 上

แบบเรียนภาษาจีน 3 เล่ม 1 (ฉบับภาษาไทย พิมพ์ครั้งที่ 3)

回答课文问题　ตอบคำถามจากบทเรียน

（1）作者对"幸福"的看法是什么？
（2）怎么样才能得到幸福？
（3）那个富翁为什么要帮助别人？
（4）"我"的邻居觉得什么是幸福？
（5）请说说你幸福的感觉。

二　生词 Shēngcí　คำศัพท์　 09-2

1.	到底	dàodǐ	（副）	(อะไร อย่างไร) กันแน่ ท้ายที่สุด
2.	权力	quánlì	（名）	อำนาจ
3.	得到	dédào	（动）	ได้รับ
4.	儿女	érnǚ	（名）	บุตรธิดา ลูกชายหญิง
5.	拥有	yōngyǒu	（动）	มี มีไว้ในครอบครอง
6.	完全	wánquán	（副、形）	โดยสิ้นเชิง ทั้งหมดทุกส่วน
7.	个人	gèrén	（名）	ส่วนบุคคล ส่วนตัว
8.	行为	xíngwéi	（名）	พฤติกรรม
9.	永远	yǒngyuǎn	（副）	ชั่วนิรันดร์ โดยตลอดมา
10.	统一	tǒngyī	（形、动）	(ลักษณะ) ร่วมกัน รวมเป็นหนึ่งเดียวกัน
11.	标准	biāozhǔn	（名、形）	มาตรฐาน
12.	富翁	fùwēng	（名）	มหาเศรษฐี
13.	穷	qióng	（形）	จน ยากจน
14.	好心	hǎoxīn	（名）	จิตใจดี
15.	回忆	huíyì	（动）	หวนคิดถึง ย้อนคิด รำลึก
16.	慈善家	císhànjiā		นักกิจกรรมการกุศล ผู้ใจบุญ

第九课 幸福的感觉

บทที่ 9 ความรู้สึกเป็นสุข

17.	当初	dāngchū	（名）	แรกเริ่ม ในตอนต้น
18.	感激	gǎnjī	（动）	ซาบซึ้ง สำนึกในน้ำใจ
19.	回报	huíbào	（动）	ตอบแทน
20.	美好	měihǎo	（形）	ดีงาม งดงาม
21.	离婚	lí hūn	（动）	หย่าร้าง
22.	条件	tiáojiàn	（名）	เงื่อนไข
23.	抚养	fǔyǎng	（动）	เลี้ยงดู
	养	yǎng	（动）	เลี้ยงดู
24.	收入	shōurù	（名）	รายได้
25.	脸	liǎn	（名）	หน้า ใบหน้า
26.	笑容	xiàoróng	（名）	รอยยิ้ม
27.	装	zhuāng	（动）	เสแสร้ง แสร้งทำ
28.	话题	huàtí	（名）	หัวข้อ ประเด็น (ในการสนทนา)
29.	捐	juān	（动）	บริจาค
30.	工程	gōngchéng	（名）	โครงการ
31.	失学	shī xué	（动）	ไม่ได้เรียนหนังสือต่อ
32.	背	bēi	（动）	แบก แบกไว้บนหลัง
33.	书包	shūbāo	（名）	กระเป๋าหนังสือ
34.	贫穷	pínqióng	（形）	ยากจนข้นแค้น
35.	祖国	zǔguó	（名）	ประเทศบ้านเกิด มาตุภูมิ
36.	富强	fùqiáng	（形）	รุ่งเรืองแข็งแกร่ง

专名 Zhuānmíng　ชื่อเฉพาะ

　　希望工程　　Xīwàng Gōngchéng　　โครงการความหวัง

汉语教程（第3版 泰文版）第三册 上
แบบเรียนภาษาจีน 3 เล่ม 1 (ฉบับภาษาไทย พิมพ์ครั้งที่ 3)

三 注释 Zhùshì คำอธิบายประกอบ

○ **希望工程** โครงการความหวัง

由中国青少年发展基金会发起并组织的一项为帮助贫困家庭失学儿童重返校园的捐资助学活动。这项活动得到了全中国各界的普遍支持，使几百万失学儿童重返校园。

เป็นกิจกรรมรับบริจาคเงินสงเคราะห์เพื่อการศึกษาซึ่งเริ่มต้นและก่อตั้งขึ้นจากกองทุนพัฒนาเยาวชนจีน มีวัตถุประสงค์เพื่อช่วยเหลือเยาวชนที่มาจากครอบครัวที่ยากจนไม่มีโอกาสทางการศึกษาให้ได้กลับไปเรียนหนังสือได้อีกครั้ง กิจกรรมนี้ได้รับการสนับสนุนอย่างกว้างขวางจากทุกภาคส่วนในประเทศจีน ได้ช่วยให้เยาวชนที่ไม่มีโอกาสทางการศึกษาได้กลับเข้าเรียนอีกครั้งแล้วจำนวนหลายล้านคน

四 词语用法 Cíyǔ yòngfǎ การใช้คำ

1 **到底** dàodǐ（副）(อะไร ยังไง) กันแน่, ท้ายที่สุด

1. 表示进一步追究，希望知道最后的结果或结论。用在疑问句中，置于动词、形容词或主语前。例如：

ใช้ในการซักถามให้รู้ชัด โดยหวังว่าจะได้ทราบผลหรือข้อสรุปสุดท้าย ใช้ในประโยคคำถาม วางไว้หน้าคำกริยา คำคุณศัพท์หรือภาคประธาน อย่างเช่น

（1）到底什么是幸福？谁能说清楚？

（2）明天你到底来不来？

（3）他到底是哪国人？

（4）昨天你还说和我们一起去，今天你又说不去了，你到底去不去？

（5）那儿的风景到底好不好？

2. 表示经过较长过程最后出现某种结果，有庆幸的语气。句中要带"了"或其他表示完成的词语。例如：

ใช้แสดงถึงผลบางอย่างที่เกิดขึ้นในท้ายที่สุดหลังจากที่ผ่านกระบวนการบางอย่างมาเป็นระยะเวลาค่อนข้างนาน มีน้ำเสียงแสดงความรู้สึกยินดีกับผลที่เกิด ในประโยคจะต้องมี "了" หรือคำอื่นๆที่แสดงการเสร็จสิ้น อย่างเช่น

第九课　幸福的感觉
บทที่ 9　ความรู้สึกเป็นสุข

（6）我等了一个小时，他到底来了。

（7）一个月后，她到底找到了那个人。

用法对比："到底"和"终于"

เปรียบเทียบการใช้："到底" กับ "终于"

"到底"第二个义项与"终于"类似。但"终于"多用于书面，"到底"书面、口头都常用。"到底"用在动词或动词词组前，必须带"了"，"终于"可带可不带。例如：

ความหมายที่สองของ "到底" จะใกล้เคียงกับ "终于" แต่ "终于" มักใช้ในภาษาเขียน ส่วน "到底" ใช้มากทั้งในภาษาเขียนและภาษาพูด โดย "到底" ที่วางไว้หน้าคำกริยาหรือกลุ่มคำกริยา จะต้องใส่ "了" ไว้ด้วย แต่สำหรับ "终于" นั้น จะใส่หรือไม่ใส่ "了" ก็ได้ อย่างเช่น

（1）经过三年的努力学习，他到底/终于考上了理想的大学。

（2）我的理想到底/终于实现了，心里有说不出的高兴。

（3）问题到底/终于解决（jiějué，แก้ปัญหา แก้ไข）了。

（4）问题终于/*到底解决。

"到底"可用于问句，"终于"不能。例如：

"到底" สามารถใช้ในประโยคคำถามได้ แต่ "终于" ใช้ในประโยคคำถามไม่ได้ อย่างเช่น

（5）她到底/*终于来不来？

（6）我的信你到底/*终于收到没有？

（7）你到底/*终于想干什么？

2 **算是** suànshì（动）นับเป็น นับว่า

当作；当成；可以说是，可以被认为。表示勉强达到某一标准。后面可以加动词、形容词、名词。例如：

มีความหมายว่า ถือเป็น นับเป็น สามารถพูดได้ว่า สามารถเข้าใจได้ว่า ใช้เพื่อเน้นความหมายว่าเทียบได้กับระดับๆหนึ่ง ด้านท้ายสามารถเติมคำกริยา คำคุณศัพท์ หรือคำนามก็ได้ อย่างเช่น

（1）一个人到底有多少钱、有多大权力算是得到了幸福，没有人能说清楚。

（2）这几天还不算是太冷的天气，到三九会更冷。

（3）爸爸妈妈的身体还算是健康的，都七十多了，什么活儿都能干。

（4）在我们班，他可算是一个好学生。

3 曾经 céngjīng（副）เคย

表示从前有过某种行为或情况。常跟"过"搭配，很少跟"了"搭配。例如：

หมายถึงก่อนหน้านี้เคยมีพฤติกรรมหรือสถานการณ์บางอย่างมาก่อน มักใช้ร่วมกับ "过" แต่ไม่ค่อยใช้กับ "了" อย่างเช่น

（1）曾经读过一个让我感动的故事。

（2）他们两个曾经到欧洲考察过环境保护（bǎohù，ปกป้อง）的情况。

（3）来中国以前，他曾经学过几个月汉语。

（4）今年夏天的温度曾经达到过 39 度。

用法对比："曾经"和"已经"

เปรียบเทียบการใช้："曾经" กับ "已经"

1."曾经"表示从前有过某种行为或情况，时间一般不是最近；"已经"表示事情完成，时间一般在不久以前。例如：

"曾经" หมายถึงก่อนหน้านี้เคยมีพฤติกรรมหรือสถานการณ์บางอย่าง โดยปกติจะไม่ใช่เรื่องที่เพิ่งเกิดขึ้น ส่วน "已经" หมายถึงเรื่องราวได้จบสิ้นลงแล้ว ระยะเวลาที่เกิดปกติมันเป็นเวลาก่อนหน้าไม่นานนัก อย่างเช่น

（1）我曾经/已经去过一次中国。

（2）十年前他曾经去过中国。（说话时，他不在中国。）

（3）昨天他已经去了中国。（说话时，他在中国。）

2."曾经"所表示的动作或情况现在已结束；"已经"所表示的动作或情况可能还在继续。例如：

การกระทำหรือสถานการณ์ที่ใช้กับ "曾经" ณ ปัจจุบันได้สิ้นสุดลงแล้ว ส่วนการกระทำหรือสถานการณ์ที่ใช้กับ "已经" อาจจะยังคงดำเนินอยู่ก็ได้ อย่างเช่น

（4）他曾经是中学老师。（他现在不是中学老师了。）

（5）他已经是中学老师了。（他现在还是中学老师。）

第九课　幸福的感觉

บทที่ 9　ความรู้สึกเป็นสุข

（6）别现在去了，已经/*曾经到吃饭时间了。

（7）等我们赶到电影院，电影已经/*曾经开演了。

（8）已经/*曾经是春天了。

（9）遇到困难的时候，我曾经/*已经想过放弃。

4 原来 yuánlái（副、名）ที่แท้ เดิมที แต่เดิม

1.副词，发现了以前不知道的情况，含有恍然醒悟的意思。可用在主语前或后。例如：

เป็นคำวิเศษณ์ หมายถึงได้รับรู้เรื่องที่ไม่เคยรู้มาก่อน แฝงนัยยะว่าได้รับรู้ถึงความจริงขึ้นมา สามารถวางไว้ด้านหน้าหรือด้านหลังภาคประธานก็ได้ อย่างเช่น

（1）一个亿万富翁，却对一块糖充满感情。原来，他小时候家里很穷，从没吃过糖。

（2）这几天他都没来上课，原来他病了。

（3）我以为（yǐwéi，เข้าใจว่า คิดว่า）是玛丽，原来是你啊。

（4）真没想到，北京的夏天原来这么热。

2.名词，以前某一时期，当初。（现在已经不是这样了。）例如：

เป็นคำนาม หมายถึง ระยะเวลาหนึ่งก่อนหน้านี้ เดิมที แต่เดิม (ปัจจุบันไม่ได้เป็นเช่นนี้อีกแล้ว) อย่างเช่น

（5）原来她一句汉语都不会说，现在已经能翻译一些简单的文章了。

（6）原来我们家乡连汽车都不通，现在交通可方便了。

5 对……来说 duì…lái shuō สำหรับ ... แล้ว

表示从某人、某事的角度来看，后边跟结论部分。例如：

หมายถึง มองในมุมของบุคคลหนึ่งหรือเรื่องหนึ่ง ด้านหลังจะตามด้วยส่วนที่เป็นข้อสรุป อย่างเช่น

（1）对他来说，幸福就是让别人过得更美好。

（2）对我来说，这里已经成了第二家乡。

（3）对一个老师来说，教好自己的学生是最重要的，也是最幸福的。

6 装 zhuāng（动） เสแสร้ง แสร้งทำ

假装，不是真的。例如：
หมายถึง เสแสร้ง แสร้งทำ ไม่ใช่ความจริง อย่างเช่น

（1）她收入不高，可她脸上总是带着笑容，那笑容可不是装出来的。

（2）懂就是懂，不懂就是不懂，不要装懂。

（3）病是装不出来的。

（4）他装着高兴的样子，其实心里很难过。

五 练习 Liànxí บทฝึกฝน

1 语音 ฝึกออกเสียง 09-3

（1）辨音辨调　ฝึกแยกแยะเสียง

行为	xíngwéi	行贿	xíng huì
话题	huàtí	滑梯	huátī
回报	huíbào	汇报	huìbào
统一	tǒngyī	同意	tóngyì
曾经	céngjīng	增进	zēngjìn
条件	tiáojiàn	挑拣	tiāojiǎn

（2）朗读　ฝึกอ่านออกเสียง

知足常足，终身不辱。Zhī zú cháng zú, zhōngshēn bù rǔ.
知止常止，终身不耻。Zhī zhǐ cháng zhǐ, zhōngshēn bù chǐ.
得亦不喜，失亦不忧。Dé yì bù xǐ, shī yì bù yōu.
君子成人之美。Jūnzǐ chéngrénzhīměi.

第九课　幸福的感觉

บทที่ 9　ความรู้สึกเป็นสุข

2 词语　ฝึกอ่านคำศัพท์

幸福的感觉　　　愉快的感觉　　　不好的感觉
当时的情景　　　当时的情况　　　当时的想法
善良的人　　　　善良的心　　　　为人善良
回报社会　　　　回报父母　　　　回报祖国
提出条件　　　　条件很好　　　　离婚条件

3 选词填空　เลือกคำมาเติมลงในช่องว่างให้ถูกต้อง

A. 曾经　情景　收入　感觉　有名　笑容　富翁　失学
　　感情　回报

（1）你在国外生活的_____怎么样？

（2）上大学时，他们在一个班学习，后来又在一起工作，所以，慢慢就产生了_____。

（3）她_____到过十几个国家。

（4）出国已经三年了，回忆刚出国时的_____，心里真不是滋味儿。

（5）要是你是一个百万_____，你会不会帮助贫穷的人？

（6）她是我们家乡_____的医生。

（7）我要好好儿学习，提高自己，_____父母。

（8）我常常想起我的小学老师，他_____不高，但是却经常帮助班上生活困难的同学。

（9）看到大夫把孩子的病治好了，妈妈脸上才有了_____。

（10）希望工程帮助很多_____的孩子回到了学校。

B.

(1) 这个国家_____2000万人口。
　　A. 生活　　　B. 拥有　　　C. 发现　　　D. 拥挤

(2) 看了那么多电影，这一部还_____是有意思的。
　　A. 总　　　　B. 就　　　　C. 也　　　　D. 算

(3) 你_____来了，我已经等了半个多小时了。
　　A. 真的　　　B. 总是　　　C. 终于　　　D. 就是

(4) 她脸上的笑容是装_____的，其实，她的心里很苦。
　　A. 出去　　　B. 起来　　　C. 过来　　　D. 出来

(5) 他_____朋友的帮助，找到了一个很好的工作。
　　A. 在　　　　B. 让　　　　C. 叫　　　　D. 靠

(6) 你不是打算再学一年吗，现在_____决定了没有？
　　A. 还是　　　B. 终于　　　C. 到底　　　D. 最后

4 用括号里的词语完成句子 ใช้คำในวงเล็บเติมประโยคให้สมบูรณ์

(1) 每个人都能拥有幸福，_____。（只要）
(2) 玛丽告诉我你回国了，_____。（原来）
(3) 经过三年的努力，_____。（算是）
(4) 长大以后，_____。（回报）
(5) _____，这种工作不是很难。（对……来说）
(6) 早知道是这样的结果，_____。（当初）
(7) 那个年轻人很有能力，_____。（靠）
(8) _____，现在变成了一座城市。（曾经）

第九课　幸福的感觉

บทที่ 9　ความรู้สึกเป็นสุข

5 用括号里的词语完成会话 ใช้คำในวงเล็บเติมบทสนทนาให้สมบูรณ์

(1) A: _____？（到底）
　　B: 我打算暑假去西安旅游。

(2) A: 这个足球队的水平怎么样？
　　B: _____。（算是）

(3) A: 你们国家的面积是多少？
　　B: _____。（拥有）

(4) A: _____？（原来）
　　B: 我原来是学历史的，去年才决定改学经济（jīngjì, เศรษฐกิจ）。

(5) A: 你是自费（zìfèi, ใช้ทุนส่วนตัว）来留学的吗？
　　B: 不是，_____。（靠）

(6) A: _____？（对……来说）
　　B: 我觉得最难的还是词语的用法。

(7) A: 你的汉语是在哪儿学的？
　　B: _____。（曾经）

(8) A: 这件事发生时你在中国吗？
　　B: 不在，_____。（当时）

6 连句成段 เรียงประโยคให้เป็นข้อความที่สมบูรณ์

(1) A. 答案可能是各种各样的
　　B. 因为每个人都有自己的看法（kànfǎ, ความเห็น ความคิดเห็น）
　　C. 对于什么是幸福这个问题
　　D. 对正在挨饿的人来说，如果让他吃饱饭，他可能就会感到很幸福

_____

（2）A. 幸福可能就是成为亿万富翁吧
　　　B. 对一个有病的人来说
　　　C. 而对一个百万富翁来说
　　　D. 幸福就是有一个健康的身体
　　　_____

7 改错句 แก้ประโยคที่ผิดให้ถูกต้อง

（1）去年我姐姐离婚了她丈夫。
　　　_____

（2）我以前曾经没有来过中国，这是第一次。
　　　_____

（3）爸爸老年了，他很喜欢回忆以前的好时间。
　　　_____

（4）到中国以后，我决定了到云南少数民族地区去旅行。
　　　_____

（5）因为妈妈在海边长大了，所以，她常常带我们看海。
　　　_____

（6）火车站人很多，所以我们要等一等很长时间。
　　　_____

8 情景表达 ฝึกพูดตามสถานการณ์

1. 下列句子什么情景下说？　ประโยคต่อไปนี้ใช้พูดในสถานการณ์เช่นไร
　（1）只要能工作，我就觉得非常幸福。
　（2）这种事情没有统一的标准。
　（3）我觉得她是一个善良的人。

第九课　幸福的感觉

บทที่ 9　ความรู้สึกเป็นสุข

2. 下列情景怎么说？　จะพูดอย่างไรในสถานการณ์ต่อไปนี้

（1）你过生日那天，朋友们都来向你表示祝贺，你向大家表达你的心情。

（2）你在母亲节那天给妈妈打了一个电话，向妈妈问好，妈妈很高兴，你向她表达你的心情。

9 综合填空　เติมประโยคให้สมบูรณ์

补充生词　คำศัพท์เสริม

① 拔苗助长　bámiáo-zhùzhǎng　ดึงต้นกล้าข้าวให้เติบโต อุปมาว่า การที่ฝืนกฎเกณฑ์การพัฒนาของสรรพสิ่งนั้นด้วยความใจร้อนอยากรวบรัดให้สำเร็จโดยเร็วกลับทำให้เสียงานเสียการไป

② 性急　xìng jí　นิสัยใจร้อน

③ 田　tián　นา ท้องนา

④ 急忙　jímáng　รีบร้อน

⑤ 奇怪　qíguài　แปลก ประหลาด

拔苗助长

　　有个性急的人，种了几亩田。总希望田里的苗快一点儿长，①_____苗长得不像他想的那么快。

　　有一天，他忽然想②_____了一个"好"办法，就急急忙忙跑到田里，③_____每棵苗都往上拔了拔。回过头来再看看苗，④_____原来高了不少，心里十分高兴。回到家，他⑤_____对家里人说："我辛辛苦苦干了一整天，快累死⑥_____！不过一天的时间，地里的苗⑦_____长高了很多。"

133

他的儿子听了，感到很奇怪，就跑到田里去看，结果，田里的苗都死⑧_____。

10 交际会话 ฝึกสนทนาเพื่อการสื่อสาร

评论（1） การแสดงความเห็น (1)

A：你觉得世界上什么事情最让人难过？

B：我想这可没有统一的标准。

A：你的意思是说难过是一种个人行为？

B：可以这么说吧。比如说，有一件事情你没做到，你觉得难过，可是有的人却觉得没关系，这次不行，下次再努力。

A：那么，对于你来说，什么是最让你难过的事情？

B：可能……可能……我觉得失恋最让人难过吧。

A：你失恋过吗？

B：没有，我连恋爱还没有谈过呢。

A：那你不觉得难过？

B：怎么说呢？要是谈了恋爱，后来又失恋了，那才难过呢。你觉得什么最难过？

A：对于我来说，我想得到的却得不到，这最让我难过。

B：我想你一定常常难过！

A：为什么？

B：你想得到的东西太多，你得不到的东西更多。

Dì-shí kè
第十课
บทที่ 10

Tígāo zìjǐ
提高自己
พัฒนาตนเอง

一　课文 Kèwén　บทเรียน  10-1

有一个人在一家贸易公司工作,但是他很不满意自己的工作。一天,他愤怒地对朋友说:"我们头儿一点儿也不把我放在眼里,改天我要对他拍桌子,然后辞职不干!"

"你对你们公司的业务完全弄清楚了吗?对于他们做国际贸易的技巧完全搞通了吗?"朋友反问他。

"没有。"

"'君子报仇,十年不晚。'我建议你先把他们的一切贸易技巧、商业文件和公司组织完全搞通,除了能熟练地操作电脑以外,还要学会程序设计,甚至连怎么修理打印机、复印机的小毛病都要学会,然后再辞职不干。"他的朋友建议,"你把你们的公司当作免费学习的地方,什么东西都搞通了以后再走,不是既出了气,又有许多收获吗?"

那人听从了朋友的建议,从此刻苦学习,甚至下班之后,

仍然留在办公室加班,还常常开夜车练习写各种商业文件。

一年之后,那位朋友偶然遇到他,就说:

"你现在大概都学会了,可以准备辞职不干了吧?"

"可是我发现这半年来,老板对我刮目相看,最近还让我担当重任,又升职,又加薪,我已经成公司的红人了!"

"这是我早就料到的!"他的朋友笑着说,"当初你的老板不重视你,是因为你的能力不足,却又不努力学习,后来你刻苦学习,他当然会对你刮目相看了。"

只知道埋怨领导的态度,却不努力提高自己的能力,这是不少人常犯的毛病啊!

(根据《青年博览》刘墉的文章改写)

回答课文问题 ตอบคำถามจากบทเรียน

(1)这个人为什么想辞职?
(2)他的朋友向他提出了什么建议?
(3)他听从朋友的建议了没有?
(4)一年以后这个人为什么又不想辞职了?
(5)领导为什么会对他刮目相看?
(6)课文要告诉我们什么?

二 生词 Shēngcí คำศัพท์ 10-2

1.	提高	tígāo	(动)	พัฒนา ยกระดับ
2.	贸易	màoyì	(名)	การค้า

第十课 提高自己

บทที่ 10 พัฒนาตนเอง

3.	愤怒	fènnù	（形）	โกรธ โมโห
4.	头儿	tóur	（名）	หัวหน้า
5.	改天	gǎitiān	（副）	วันหลัง
6.	拍	pāi	（动）	ตีด้วยมือ ตบ
7.	弄	nòng	（动）	ทำ จัดการ
8.	技巧	jìqiǎo	（名）	ฝีมือ เทคนิค
9.	反问	fǎnwèn	（动）	ย้อนถาม
10.	君子	jūnzǐ	（名）	สุภาพบุรุษ ผู้ดี
11.	报仇	bào chóu	（动）	แก้แค้น
12.	商业	shāngyè	（名）	ธุรกิจ
13.	文件	wénjiàn	（名）	เอกสาร
14.	熟练	shúliàn	（形）	คล่อง เชี่ยวชาญ ชำนาญ
15.	操作	cāozuò	（动）	ใช้งาน (อุปกรณ์)
16.	程序	chéngxù	（名）	โปรแกรม กระบวนการ
17.	设计	shèjì	（动）	ออกแบบ
18.	甚至	shènzhì	（连）	แม้กระทั่ง
19.	修理	xiūlǐ	（动）	ซ่อมแซม
20.	打印机	dǎyìnjī	（名）	เครื่องพิมพ์เอกสาร
21.	复印机	fùyìnjī	（名）	เครื่องถ่ายเอกสาร
22.	毛病	máobìng	（名）	ปัญหา ความผิดปกติ ข้อบกพร่อง
23.	当作	dàngzuò	（动）	ใช้เป็น เอามาเป็น
24.	免费	miǎn fèi	（动）	ฟรี ไม่ต้องเสียเงิน
25.	既……又……	jì…yòu…		ทั้ง...ทั้ง...

137

26. 出气	chū qì	（动）	ระบายอารมณ์
27. 听从	tīngcóng	（动）	เชื่อฟัง ทำตาม
28. 从此	cóngcǐ	（副）	นับจากนั้น
29. 刻苦	kèkǔ	（形）	อย่างพากเพียร อย่างมานะบากบั่น
30. 留	liú	（动）	เหลือเอาไว้ก่อน เก็บเอาไว้ก่อน
31. 加班	jiā bān	（动）	ทำงานนอกเวลา
32. 开夜车	kāi yèchē		ทำงานจนดึกดื่น
33. 偶然	ǒurán	（副、形）	โดยบังเอิญ
34. 刮目相看	guāmù-xiāngkàn		หันมามองใหม่ เปลี่ยนมุมมองต่อ...
35. 担当	dāndāng	（动）	รับหน้าที่
36. 重任	zhòngrèn	（名）	ภาระสำคัญ หน้าที่สำคัญ
37. 升职	shēng zhí	（动）	เลื่อนตำแหน่ง
38. 薪	xīn	（名）	เงินเดือน
39. 红人	hóngrén	（名）	คนโปรดของเจ้านาย คนดัง
40. 重视	zhòngshì	（动）	ให้ความสำคัญ
41. 能力	nénglì	（名）	ความสามารถ
42. 足	zú	（形）	เพียงพอ พอ
43. 埋怨	mányuàn	（动）	บ่น ต่อว่า
44. 态度	tàidù	（名）	ทัศนคติ ท่าที
45. 犯	fàn	（动）	กระทำผิด

三 注释 Zhùshì คำอธิบายประกอบ

1 我们头儿一点儿也不把我放在眼里…… หัวหน้าเราไม่เคยเห็นฉันอยู่ในสายตาเลยสักนิด...

“不把……放在眼里”的意思是看不起 / 轻视……。

第十课　提高自己

บทที่ 10　พัฒนาตนเอง

"不把……放在眼里" หมายถึง ดูถูกดูแคลนหรือไม่เห็นความสำคัญ

② **君子报仇，十年不晚。** สุภาพบุรุษแก้แค้น สิบปีไม่สาย

该成语的意思是，一个有志向的人要报仇的话，要注意积蓄力量，善于抓住时机，不可随便行事。

สำนวนนี้มีความหมายว่า บุคคลที่มีจิตใจตั้งมั่นนั้น หากคิดจะแก้แค้นใครแล้ว ก็จะพยายามสะสมกำลังให้พร้อมก่อน และรู้จักมองหาโอกาสเหมาะๆ ไม่ผลีผลามทำอะไรลงไปโดยไม่คิด

③ **我已经成公司的红人了！** ฉันกลายเป็นคนดังในบริษัทแล้วล่ะ

"红人" 是指受领导信任、重用的人。

"红人" หมายถึง บุคคลสำคัญและเป็นที่ไว้วางใจของเจ้านาย

四　词语用法 Cíyǔ yòngfǎ　การใช้คำ

① **弄 nòng（动）** ทำ จัดการ

代表一些动词，有"做""干""办"等意思。具体意思要根据语境推断。例如：

ใช้แทนคำกริยาได้หลายคำ มีความหมายว่า "做"，"干" หรือ "办" เป็นต้น ทั้งนี้จะมีความหมายอย่างไรแน่นั้น ต้องดูบริบทประกอบด้วย อย่างเช่น

（1）你对你们公司的业务完全弄清楚了吗？　　　（弄＝了解）

（2）我给你们弄了几个菜，你们喝几杯吧。　　　（弄＝做）

（3）我的电脑又死机了，你帮我弄弄吧。　　　　（弄＝修理）

（4）一定要把这个语法弄懂。　　　　　　　　　（弄＝研究、学习）

（5）他把我的手机弄坏了。　　　　　　　（弄＝说不清楚的动作）

（6）我给你弄来了一盆（pén，กระถาง）花儿。（弄＝想办法得到）

汉语教程（第3版 泰文版）第三册 上

แบบเรียนภาษาจีน 3 เล่ม 1 (ฉบับภาษาไทย พิมพ์ครั้งที่ 3)

② **搞** gǎo（动） ทำ ปฏิบัติการ ดำเนินการ

做、干。可带"了""着""过"，可重叠，可带名词宾语。"搞"常代替各种不同的动词，随宾语的不同而有不同的意义。例如：

แปลว่า "ทำ" โดย "搞" สามารถตามด้วย "了"，"着"，"过" ได้ หรือใช้ในรูปซ้ำคำ หรือใส่บทกรรมด้วยก็ได้ นอกจากนี้ คำกริยา "搞" มักจะใช้แทนคำกริยาต่างๆ โดยความหมายของ "搞" นั้นเปลี่ยนไปตามบทกรรมที่ต่างๆกัน อย่างเช่น

（1）我建议你先把他们的一切贸易技巧、商业文件和公司组织完全搞通。　　　　　　　　　　　　　（搞＝了解、研究）

（2）她在一家公司搞电脑软件（ruǎnjiàn，ซอฟท์แวร์）设计。

（搞＝做、干）

（3）这个问题一定要搞清楚。　（搞＝想、考虑、了解、研究）

（4）我搞到了一张星期日晚上的足球票。　（搞＝想办法得到）

（5）这个工作不好搞。　　　　　　　　　　　　（搞＝做、干）

用法对比："弄"和"搞"

เปรียบเทียบการใช้："弄" กับ "搞"

二者的意思都随宾语的不同而不同。但"搞"可以用于书面，也可以用于口语。而"弄"多用于口语，一般不用于书面。可以说"搞改革、搞建设、搞工作"；不能说"弄改革、弄建设、弄工作"。例如：

ความหมายของคำกริยาทั้งสองคำนี้เปลี่ยนไปตามบทกรรมที่ต่างกัน แต่ "搞" สามารถใช้ได้ทั้งในภาษาเขียนและภาษาพูด ส่วน "弄" มักใช้ในภาษาพูด ปกติจะไม่ใช้ในภาษาเขียน และเราสามารถใช้ "搞改革"，"搞建设" และ "搞工作" ได้ แต่ ไม่สามารถใช้ "弄改革"，"弄建设" หรือ "弄工作" ได้ อย่างเช่น

（1）我给你搞/弄到一张明天晚上的足球票。

（2）我去搞/弄两个菜来，咱们喝两杯。

（3）他是搞/*弄软件设计的。

（4）他在公司是搞/*弄什么工作的？

（5）这个拉链儿拉不上了，你帮我弄弄/*搞搞。

3 甚至 shènzhì（连）แม้กระทั่ง

1.强调突出的事例，后面常跟"都、也"配合。有时可以放在主语前。例如：

ใช้เพื่อเน้นเหตุการณ์ที่เด่นออกมา โดยมักใช้ร่วมกับ "都" หรือ "也" บางครั้ง "甚至" อาจวางไว้หน้าภาคประธานได้ด้วย อย่างเช่น

（1）过去不要说买汽车、买房子了，甚至连电视都买不起。

（2）我来中国快一年了，去的地方很少，甚至连北京也没去过。

2.放在并列的名词、形容词、动词、介宾短语、小句的最后一项之前，突出这一项。例如：

ใช้กับคำนาม คำคุณศัพท์ คำกริยา บุพบทวลีหรือประโยคย่อยที่วางต่อกันแบบแยกรายการ โดย "甚至" จะวางไว้หน้าคำหรือกลุ่มคำหรือประโยคย่อยรายการสุดท้าย เพื่อเน้นคำหรือกลุ่มคำนั้นๆให้เด่นออกมา อย่างเช่น

（3）我建议你先把他们的一切贸易技巧、商业文件和公司组织完全搞通，除了能熟练地操作电脑以外，还要学会程序设计，甚至连怎么修理打印机、复印机的小毛病都要学会。

（4）中国现在不管城市还是农村，甚至边远山区，交通都很方便。

（5）刚来时，我不仅想家，甚至产生了想马上回国的念头。

（6）冬天这里参加冬泳的人很多，有年轻人，有老人，甚至还有七八岁的孩子。

4 以后 yǐhòu（名）ต่อไป หลังจาก

比现在或某一时间晚的时间。例如：

หมายถึงเวลาที่เกิดหลังจากปัจจุบันหรือช่วงเวลาใดเวลาหนึ่ง อย่างเช่น

（1）你把你们的公司当作免费学习的地方，什么东西都搞通了以后再走。

（2）我们俩毕业以后，就再没见过面。

（3）我现在要去上课，我们以后再说吧。

（4）从此以后，他刻苦学习，掌握（zhǎngwò，เข้าใจ รู้อย่างถ่องแท้）
了公司的全部业务。

用法对比："以后"和"后来"

เปรียบเทียบการใช้："以后" กับ "后来"

"以后"可以跟在名词、动词或小句后边，表示过去，也可表示将来。"后来"则只能单用，只表示过去。例如：

"以后" สามารถวางไว้ท้ายคำนาม คำกริยาหรือประโยคย่อยได้ ใช้แสดงเวลาในอดีต หรือเวลาในอนาคตก็ได้ แต่ "后来" จะใช้แบบเดี่ยวๆและใช้พูดถึงเวลาในอดีตเท่านั้น อย่างเช่น

（1）我们俩去年在一个班学习，以后 / 后来她就回国了。

（2）我给他发过几条微信，他都没有回，以后 / 后来就不再联系了。

（3）来中国以后 /* 后来，我就住在他家。

（4）我明年大学毕业，大学毕业以后 /* 后来我就参加工作。

（5）我现在学习汉语，以后 /* 后来干什么还不知道。

5 偶然 ǒurán（副、形） โดยบังเอิญ

1. "偶然"是副词时表示"不是必然地"，常在句中作状语。例如：

"偶然" ที่เป็นคำวิเศษณ์ จะหมายถึง "เกิดขึ้นด้วยความบังเอิญ" มักใช้เป็นบทขยายภาคแสดงในประโยค อย่างเช่น

（1）一年之后，那位朋友偶然遇到他，就说："你现在大概都学会了，可以准备辞职不干了吧？"

（2）我偶然想起了他。

（3）这件东西是我打扫房间时偶然发现的。

2. "偶然"是形容词时表示"不是必然的"，常在句中作定语或谓语。例如：

"偶然" ที่เป็นคำคุณศัพท์ จะหมายถึง "บังเอิญ" มักใช้เป็นบทขยายคำนามหรือเป็นภาคแสดงในประโยค อย่างเช่น

（4）一个偶然的机会，我去了一趟云南。

（5）这是一个偶然事件（shìjiàn，เหตุการณ์）。

第十课　提高自己

บทที่ 10　พัฒนาตนเอง

（6）事故的发生很偶然。

6 却 què（副）กลับ

表示转折。用在动词前面作状语，但不能放在主语前。例如：
ใช้บอกความขัดแย้งกับถ้อยคำก่อนหน้า โดยวางไว้หน้าคำกริยาเพื่อเป็นบทขยายภาคแสดง จะวางไว้หน้าภาคประธานไม่ได้ อย่างเช่น

（1）当初你的老板不重视你，是因为你的能力不足，却又不努力学习。
（2）她学汉语的时间不长，进步却很快。
（3）虽然也有点儿想家，但是我却不感到寂寞。
（4）外边很冷，屋子里却很暖和。
　　不能说：＊外边很冷，却屋子里很暖和。

五　练习 Liànxí　บทฝึกฝน

1 语音　ฝึกออกเสียง　10-3

（1）辨音辨调　ฝึกแยกแยะเสียง

反问	fǎnwèn	访问	fǎngwèn
甚至	shènzhì	称职	chènzhí
修理	xiūlǐ	秀丽	xiùlì
不足	bùzú	补足	bǔzú
埋怨	mányuàn	满眼	mǎnyǎn
重视	zhòngshì	充实	chōngshí

（2）朗读　ฝึกอ่านออกเสียง

学而不厌，诲人不倦。　　Xué ér bú yàn, huì rén bú juàn.
学然后知不足。　　　　　Xué ránhòu zhī bùzú.
君子之交淡如水。　　　　Jūnzǐ zhī jiāo dàn rú shuǐ.

汉语教程（第3版 泰文版）第三册 上
แบบเรียนภาษาจีน 3 เล่ม 1 (ฉบับภาษาไทย พิมพ์ครั้งที่ 3)

良药苦口利于病，　　Liángyào kǔ kǒu lìyú bìng,
忠言逆耳利于行。　　Zhōngyán nì ěr lìyú xíng.

2 词语 ฝึกอ่านคำศัพท์

修理复印机	修理自行车	刻苦学习	刻苦研究
偶然遇到	偶然发现	能力不足	准备不足
埋怨领导	埋怨别人	辞职不干	免费学习

3 选词填空 เลือกคำมาเติมลงในช่องว่างให้ถูกต้อง

> A. 辞职　甚至　偶然　改天　修理　埋怨　刻苦　不足
> 　　满意　重视　建议　刮目相看

（1）他对这里的环境很_____，既安静又干净。

（2）今天实在没有时间，我们_____再说吧。

（3）他已经不在这个公司了，听说他_____了。

（4）他接受了朋友的_____，从此刻苦学习，终于把公司的业务弄通了。

（5）这个故事在泰国很有名，_____连孩子都知道。

（6）我的车有点儿毛病，请你给_____一下儿。

（7）年轻人只要_____学习，就没有学不会的。

（8）这本书我是在旧书店_____发现的。

（9）留学几年回来，真要对他_____了。

（10）一个国家只有_____教育，_____人才，才有希望。

（11）现在让他做这么重要的工作，他的能力还_____。

（12）做错了事要先检查自己，不要去_____别人。

第十课　提高自己

B.

（1）这件事你不要把它放_____心上。
　　　A. 到　　　　B. 在　　　　C. 上　　　　D. 进

（2）听了这孩子的话，我一下子把他_____在怀（huái，อ้อมอก）里。
　　　A. 抓　　　　B. 握　　　　C. 抱　　　　D. 拉

（3）我感觉他_____我越来越不好了，所以准备跟他分手（fēn shǒu，แยกทาง เลิกรา）。
　　　A. 对于　　　B. 给　　　　C. 跟　　　　D. 对

（4）请你替我_____老师请个假，就说我今天有点儿不舒服。
　　　A. 给　　　　B. 向　　　　C. 对　　　　D. 朝

（5）她是这样一个人，在大家面前，她_____喜欢多说话，但是只要你有事需要帮助的时候，她总会第一个站出来帮助你。
　　　A. 从此　　　B. 从来　　　C. 从不　　　D. 经常

4 用括号里的词语完成句子 ใช้คำในวงเล็บเติมประโยคให้สมบูรณ์

（1）_____，我还不太清楚。（对于）
（2）我对中国的情况不太了解，_____。（甚至）
（3）她不爱旅行，来中国这么长时间_____
　　　_____。（甚至）
（4）我先在这儿学习一年汉语，_____。（以后）
（5）他对我说，他今天一定来，可是_____。（却）
（6）我喜欢坐火车去旅行，坐火车_____。
　　　（既……又……）

5 **用括号里的词语完成会话** ใช้คำในวงเล็บเติมบทสนทนาให้สมบูรณ์

（1）A：你是不是想辞职？

B：是的，＿＿＿＿＿＿＿＿＿＿＿＿＿＿＿＿＿＿＿＿＿＿。（满意）

（2）A：你怎么那么不喜欢你们的领导？

B：我当然不喜欢他了，＿＿＿＿＿＿＿＿＿＿＿＿＿＿＿＿＿＿。

（不把……放在眼里）

（3）A：我建议你先不要忙着辞职，你应该把这个公司的业务都学会了再辞职，＿＿＿＿＿＿＿＿＿＿＿＿＿＿＿。（甚至）

B：我再想想。

（4）A：你的眼睛怎么这么红？是不是病了？

B：没事儿，＿＿＿＿＿＿＿＿＿＿＿＿＿＿＿＿＿＿。（开夜车）

（5）A：我现在又不想辞职了。

B：为什么？

A：我觉得我们头儿对我不错，什么事儿都跟我商量，最近还给我加了薪。

B：哈哈，＿＿＿＿＿＿＿＿＿＿＿＿＿＿＿＿＿＿＿＿。（料到）

6 **连句成段** เรียงประโยคให้เป็นข้อความที่สมบูรณ์

（1）A. 所以，还必须掌握每个词在交际中的用法，了解它在此时此地的意思

B. 但是，只了解一个词的表面意义是不够的

C. 因为一种语言的词汇，除了表面意义以外，还有语境义、交际义和文化义等

D. 学习一门外语，就要了解和掌握这种语言的词汇

＿＿＿＿＿＿＿＿＿＿＿＿＿＿＿

第十课　提高自己

บทที่ 10　พัฒนาตนเอง

（2）A. 因为平时在自己国家用外语讲话的机会很少

B. 自己的外语能力会提高得很快

C. 要学好一门外语，我认为最好是到说那种语言的国家去学习

D. 如果能够生活在好的语言环境中

E. 因此，我决定出国去留学

_____

7 改错句 แก้ประโยคที่ผิดให้ถูกต้อง

（1）他已经辞职工作，接着就要去中国留学。

_____

（2）他想让老师刮目相看他。

_____

（3）一般的中国电影他不太喜欢，但这个电影却他很喜欢。

_____

（4）我虽然很爱她，却她不喜欢我，没办法。

_____

（5）我没有给妈妈打电话，妈妈对我很埋怨。

_____

（6）北京比香港骑自行车有点儿容易。

_____

8 情景表达 ฝึกพูดตามสถานการณ์

1. 下列句子什么情景下说？ ประโยคต่อไปนี้ใช้พูดในสถานการณ์เช่นไร

（1）他一点儿也不把我放在眼里。

（2）真要对他刮目相看了。

（3）我早就料到会这样。

2. 下列情景怎么说？ จะพูดอย่างไรในสถานการณ์ต่อไปนี้

（1）你对这儿的生活已经习惯了，觉得各方面都不错，你向别人说这种感觉。（满意）

（2）你刚到一个公司，谁也不认识，觉得大家都不把你放在眼里，你说出这种感觉。

（3）你想向公司提出辞职，要对老板说。

9 综合填空 เติมประโยคให้สมบูรณ์

补充生词 คำศัพท์เสริม

① 抱歉	bàoqiàn	ขออภัย
② 经营	jīngyíng	ดำเนินการ ดำเนินกิจการ
③ 生存	shēngcún	มีชีวิตอยู่ได้ อยู่รอด
④ 辞退	cítuì	ปลดออก
⑤ 年龄	niánlíng	อายุ
⑥ 颤抖	chàndǒu	สั่นระริก
⑦ 公平	gōngpíng	ยุติธรรม
⑧ 同情	tóngqíng	เห็นอกเห็นใจ
⑨ 振作	zhènzuò	ลุกขึ้นสู้ต่อ
⑩ 即使	jíshǐ	ต่อให้

第十课　提高自己

บทที่ 10　พัฒนาตนเอง

从头再来

　　一个美丽的早晨，你早早地起床，走①_____办公室，准备迎接新的一天的工作。你是那么热爱你的工作，因为你在这个公司干②_____二十年了，上上下下的关系都不错。

　　忽然老板打来电话，③_____你马上去一下儿，电话里他的语调让你感到要有麻烦。在老板的办公室里，他说："非常抱歉，你也知道，公司经营一直不太好，为了能使公司继续生存④_____，经过认真考虑，决定辞退一部分年龄较大的员工，你是其中之一。"

　　什么！你用颤抖的手拿⑤_____辞退通知书，简直不敢相信这是真的。

　　这时，你怎么办？你会感到不安，这很正常。你会问："为什么是我？"你觉得不公平，但谁说这个世界是公平⑥_____！

　　别为自己难过，因为你周围的人可能会同情你，但没有用。你也不用埋怨老板，他们也有他们的难处。这时，重要的是自己要有信心。既然你不希望别人看到自己的失败，你就必须在痛苦之后，振作⑦_____。只要你有信心，相信自己的能力，即使没有什么能力，还可以学习，谁说四十岁以后就不能重新学习了？天下的路有千条万条，只要你做好了准备，那么你就信心十足地上路吧。不过是从头再来。

　　明天的早晨说不定会⑧_____美丽。

10 交际会话 ฝึกสนทนาเพื่อการสื่อสาร

埋怨　การต่อว่า

（1）A：你是怎么搞的？
　　　B：我怎么了？
　　　A：你为什么不早点儿叫我？

B：你自己起不来，怎么埋怨起我来了？

（2）A：你怎么到现在才来？我已经等了半个多小时了。
B：对不起，路上堵车。我也很着急。
A：你为什么不早点儿出来呢？
B：我一下班就出来了。

Dì-shíyī kè
第十一课
บทที่ 11

Wǒ kànjiànle fēidié
我看见了飞碟
ฉันมองเห็นจานบิน

一 课文 Kèwén บทเรียน  11-1

　　八月二十五日，在新疆，我看见了飞碟。

　　这里离乌鲁木齐有六百公里，是个非常美丽的地方。有山有水，有森林和草原，还有味道鲜美的手抓羊肉。我们几个从大城市来的人到了这里，就像到了仙境，大家都很激动。

　　新疆比北京大约晚两个小时。北京时间晚上十点多，在新疆也就是八点多。这一天，天气非常好。晚上九点左右太阳才落下去。吃了晚饭，我和大刘一起回到饭店。忽然，听见外边有人叫我："快，快出来看！"

大刘连忙跑出去了。我不知发生了什么事，仍然低着头玩儿手机。这时，大刘又马上回来，敲着我的门大叫："快，快出来！"我立刻觉得发生了不同寻常的事情。于是，跟着其他人一起跑了出去。

一出来我们便惊呆了，大家不约而同地叫了一声："飞碟！"

只见天上横着一条巨大的光束。一个飞碟快速地转着，好像悬在了空中。它那橙红色的光十分耀眼，照亮了整个西北天空，真是太神奇了！

我们几个全都举起手机拍了起来。谁都明白这是个难得的机会。

突然，飞碟朝我们这边飞过来。在那一刻，我以为它要落下来了，可飞碟却停住了，又向高空慢慢飞去。然后一闪，变成了一个星星般的亮点儿。接着又一闪，不见了。只是一闪，就从一个唱片大小的飞碟变成了一个小亮点儿，这是多么快的速度啊！只是它留下的光束在空中亮了半天才渐渐地暗下去。差不多一个小时以后，天空才渐渐变回原来的一片蓝色。

这天晚上，我们一个个都兴奋极了。互相问："相信有飞碟了吧？"又互相回答："相信了。"

"如果那一刻飞碟下来要带你走，你去吗？"

"去！"

多么痛快的回答！

第十一课　我看见了飞碟
บทที่ 11　ฉันมองเห็นจานบิน

已经很晚了，可我还是久久不能入睡。我相信飞碟的存在。我相信在宇宙间，不只是地球上才存在高智能生物。我相信这个世界存在着太多的可能性。

（根据池莉的文章改写）

回答课文问题　ตอบคำถามจากบทเรียน

（1）故事发生在什么时间？什么地方？
（2）那儿的风景怎么样？
（3）大刘叫"我"的时候"我"正在做什么？
（4）大刘为什么叫"我"？
（5）他们看见了什么东西？
（6）课文是怎么写飞碟的？

二　生词 Shēngcí　คำศัพท์　 11-2

1.	飞碟	fēidié	（名）	จานบิน
2.	公里	gōnglǐ	（量）	กิโลเมตร
3.	森林	sēnlín	（名）	ป่า ป่าไม้
4.	草原	cǎoyuán	（名）	ทุ่งหญ้า
5.	味道	wèidao	（名）	รสชาติ
6.	鲜美	xiānměi	（形）	สดอร่อย
7.	抓	zhuā	（动）	ใช้มือหยิบ คว้าจับ
8.	羊肉	yángròu	（名）	เนื้อแกะ
9.	仙境	xiānjìng	（名）	แดนสวรรค์
10.	激动	jīdòng	（形）	ตื่นเต้น

汉语教程（第3版 泰文版）第三册 上

แบบเรียนภาษาจีน 3 เล่ม 1 (ฉบับภาษาไทย พิมพ์ครั้งที่ 3)

11.	太阳	tàiyáng	（名）	พระอาทิตย์
12.	落	luò	（动）	ตก ตกร่วงลงมา
13.	连忙	liánmáng	（副）	รีบ รีบเร่ง รีบรุด
14.	寻常	xúncháng	（形）	ที่ปกติธรรมดา
15.	惊呆	jīngdāi		ตื่นตะลึง อึ้งตะลึง
16.	不约而同	bùyuē'értóng		พร้อมกันโดยไม่ได้นัดหมาย
17.	只见	zhǐ jiàn		เห็นแค่เพียง
18.	横	héng	（动）	ทอดขวาง
19.	巨大	jùdà	（形）	ใหญ่มหึมา
20.	光束	guāngshù	（名）	ลำแสง
21.	快速	kuàisù	（形）	รวดเร็ว
22.	悬	xuán	（动）	แขวน ห้อย
23.	橙红	chénghóng	（形）	สีแสด
24.	耀眼	yàoyǎn	（形）	สว่างจนแสบตา
25.	照亮	zhàoliàng		ส่องสว่าง
26.	天空	tiānkōng	（名）	กลางอากาศ กลางท้องฟ้า
27.	神奇	shénqí	（形）	น่าอัศจรรย์
28.	明白	míngbai	（动、形）	เข้าใจแจ่มแจ้ง รู้ชัด
29.	难得	nándé	（形）	ที่หาได้ยาก
30.	朝	cháo	（介）	ไปทาง ไปยังทิศทาง
31.	以为	yǐwéi	（动）	เข้าใจว่า คิดว่า
32.	闪	shǎn	（动）	กระพริบ
33.	星星	xīngxing	（名）	ดวงดาว
34.	唱片	chàngpiàn	（名）	แผ่นเสียง

第十一课　我看见了飞碟

บทที่ 11　ฉันมองเห็นจานบิน

35.	速度	sùdù	（名）	ความเร็ว
36.	渐渐	jiànjiàn	（副）	ค่อยๆ ทีละน้อยๆ
37.	痛快	tòngkuai	（形）	ตรงไปตรงมา โผงผาง ไม่อ้อมค้อม
38.	入睡	rùshuì	（动）	เข้านอน
39.	存在	cúnzài	（动）	มีอยู่
40.	宇宙	yǔzhòu	（名）	จักรวาล
41.	地球	dìqiú	（名）	โลก (ที่เป็นดาวเคราะห์) ดาวโลก
42.	智能	zhìnéng	（名）	ปัญญา
43.	生物	shēngwù	（名）	สิ่งมีชีวิต
44.	可能性	kěnéngxìng	（名）	ความเป็นไปได้

专名 Zhuānmíng　ชื่อเฉพาะ

1.	新疆	Xīnjiāng	เขตปกครองตนเองซินเจียงอุยกูร์ ประเทศจีน
2.	乌鲁木齐	Wūlǔmùqí	เมืองอูลุมชี เมืองหลวงของเขตปกครองตนเองซินเจียงอุยกูร์
3.	大刘	Dà Liú	ต้าหลิว (ชื่อคน)

三　注释 Zhùshì　คำอธิบายประกอบ

○ 飞碟　จานบิน

　　指不明飞行物，因早期报道的不明飞行物形状像圆形碟子，所以叫飞碟。

　　หมายถึงวัตถุบินลึกลับ เนื่องด้วยวัตถุบินลึกลับที่ถูกรายงานถึงในยุคแรกๆนั้นมีรูปทรงเหมือนจานกลมๆ จึงเรียกกันว่า "จานบิน"

汉语教程（第3版 泰文版）第三册 上
แบบเรียนภาษาจีน 3 เล่ม 1 (ฉบับภาษาไทย พิมพ์ครั้งที่ 3)

四 词语用法 Cíyǔ yòngfǎ　การใช้คำ

① **大约 dàyuē（副）** ประมาณ โดยประมาณ

表示对时间、数量不很精确的估计。例如：
ใช้แสดงการกะประมาณเวลาหรือจำนวนแบบคร่าวๆ อย่างเช่น

（1）新疆比北京大约晚两个小时。
（2）我们大约十点到那里。
（3）这个房间大约有三十平方米。
（4）参加这次大会的代表大约有两千人。

② **不约而同 bùyuē'értóng** พร้อมกันโดยไม่ได้นัดหมาย

没有事先商量而彼此意见和行动一致。常作状语。例如：
หมายถึงมีความเห็นหรือกระทำการอะไรบางอย่างตรงกันโดยไม่ได้มีการปรึกษาพูดคุยกันมาก่อน มักใช้เป็นบทขยายภาคแสดง อย่างเช่น

（1）一出来我们便惊呆了，大家不约而同地叫了一声："飞碟！"
（2）老师一问，同学们不约而同地举起手来要求回答。
（3）我们不约而同地说："同意。"
（4）她们俩不约而同地报名参加了太极拳学习班。

③ **只见 zhǐ jiàn** เห็นแค่เพียง

用在句前。不能有主语。例如：
ใช้วางไว้หน้าประโยค ซึ่งในประโยคไม่สามารถมีภาคประธานได้ อย่างเช่น

（1）大家望着天空，只见天上横着一条巨大的光束。
（2）走进阅览室，只见她正在看杂志呢。
（3）开开教室的门，只见同学们都在安静地学习。
（4）爬上山顶往下一看，只见山那边有一条大河。

第十一课　我看见了飞碟

บทที่ 11　ฉันมองเห็นจานบิน

④ **十分** shífēn（副）อย่างยิ่ง อย่างมาก

表示程度很高，很。用在形容词或动词前面作状语，多用于书面。例如：

หมายถึง ระดับที่สูงมาก ใช้วางไว้หน้าคำคุณศัพท์หรือคำกริยาเพื่อเป็นบทขยายภาคแสดง มักใช้ในภาษาเขียน อย่างเช่น

（1）一个飞碟快速转着，那橙红色的光十分耀眼。

（2）留学的机会十分难得，一定要好好儿珍惜（zhēnxī，รักและทนุถนอม เห็นคุณค่า）。

（3）看到我的画儿被挂在展览橱窗里，我十分高兴。

（4）这是朋友送给我的生日礼物，我十分喜欢。

用法对比："十分"和"非常"

เปรียบเทียบการใช้："十分" กับ "非常"

"非常"可以重叠，"十分"不能。例如：

"非常" สามารถใช้แบบซ้ำคำได้ แต่ "十分" ไม่ได้ อย่างเช่น

（1）这场艺术表演非常非常 /* 十分十分精彩。

"十分"前面可以加"不"，表示程度较低。"非常"不能。例如：

ด้านหน้า "十分" สามารถใส่ "不" ได้ เพื่อแสดงระดับที่ค่อนข้างต่ำ แต่ "非常" จะใส่ "不" ด้านหน้าไม่ได้ อย่างเช่น

（2）我觉得他这本书写得不十分 /* 非常好。

⑤ **以为** yǐwéi（动）เข้าใจว่า คิดว่า

认为，错误地认为。常用于说话人已知道自己的判断与事实不符之后。例如：

หมายถึง คิดไปว่า คิดไปอย่างผิดๆว่า มักใช้หลังจากที่ผู้พูดได้รู้ว่าการคิดตัดสินของตนนั้นไม่สอดคล้องกับความเป็นจริง อย่างเช่น

（1）在那一刻，我以为它要落下来了，可飞碟却停住了，又向高空慢慢飞去。

（2）我以为是小林呢，原来是你啊。

（3）你没有回国呀，我以为你回国了呢。

157

（4）都十二点了，我以为还不到十点呢。

用法对比："以为"和"认为"

เปรียบเทียบการใช้: "以为" กับ "认为"

"以为"有"认为"的意思，但更常用于表示做出的判断和估计与事实不符，是错误的，交际中表示醒悟、指责等。例如：

"以为" มีความหมายว่า "认为" (คิดว่า เข้าใจว่า) แต่ "以为" มักใช้กับการคิดตัดสินหรือการคาดการณ์ที่ผิด ไม่สอดคล้องความเป็นจริง ในการสื่อสารนั้นใช้แสดงถึงการตระหนักรู้ การกล่าวโทษ เป็นต้น อย่างเช่น

（1）你不要认为 / 以为自己不懂的事情别人也一定不懂。

（2）我们都以为 /* 认为她是日本人，原来她是韩国人。

（3）我们都以为 /* 认为他能干好这个工作，谁知他干了两天就坚持不下去了。

6 **渐渐** jiànjiàn（副）ค่อยๆ ทีละน้อยๆ

表示程度或数量缓慢地增加或减少。例如：

หมายถึงระดับหรือจำนวนที่เพิ่มหรือลดลงอย่างช้าๆ อย่างเช่น

（1）飞碟留下的光束在空中亮了半天才渐渐地暗下去。

（2）来中国快一年了，我渐渐习惯了这里的生活。

（3）晚上十点以后，路上的人渐渐少了。

7 **形容词 + 下去** xíngróngcí + xiàqu คำคุณศัพท์ + 下去

表示某种状态已经存在并将继续发展。强调继续发展。形容词一般是消极意义的。例如：

หมายถึง สภาพหนึ่งๆที่มีอยู่แล้วและกำลังพัฒนาต่อไป ใช้เน้นถึงสภาพที่พัฒนาต่อไป คำคุณศัพท์ที่ใช้นั้นปกติมักมีความหมายเชิงลบ อย่างเช่น

（1）飞碟留下的光束在空中亮了半天才渐渐地暗下去。

（2）天气要是这么冷下去，我可受不了了。

（3）你不能再瘦下去了，应该多吃点儿。

（4）我们两国的关系只能好起来，不能坏下去。

五 练习 Liànxí บทฝึกฝน

1 语音 ฝึกออกเสียง 11-3

（1）辨音辨调 ฝึกแยกแยะเสียง

飞碟	fēidié	蝴蝶	hútié
公里	gōnglǐ	功利	gōnglì
鲜美	xiānměi	献媚	xiànmèi
寻常	xúncháng	欣赏	xīnshǎng
以为	yǐwéi	意味	yìwèi
只见	zhǐ jiàn	之间	zhī jiān
神奇	shénqí	神情	shénqíng

（2）朗读 ฝึกอ่านออกเสียง

君子和而不同。 Jūnzǐ hé ér bù tóng.

君子坦荡荡。 Jūnzǐ tǎn dàngdàng.

养天地正气， Yǎng tiāndì zhèngqì,

法古今完人。 Fǎ gǔjīn wánrén.

2 词语 ฝึกอ่านคำศัพท์

有山有水	有花有草	有车有船
十分耀眼	十分紧张	十分难过
不同寻常	不约而同	永远难忘
渐渐变了	渐渐明白	渐渐懂得
兴奋极了	高兴极了	难过极了
久久不能入睡	久久不能忘记	久久不能平静

汉语教程（第3版 泰文版）第三册 上

แบบเรียนภาษาจีน 3 เล่ม 1 (ฉบับภาษาไทย พิมพ์ครั้งที่ 3)

3 选词填空 เลือกคำมาเติมลงในช่องว่างให้ถูกต้อง

> A. 难得　味道　痛快　激动　朝　入睡　不约而同　明显　只见　渐渐

（1）这个菜的_____很好，我很喜欢吃。

（2）听到这个消息他很_____。

（3）老师问我们愿意不愿意去爬山，同学们_____地回答："愿意。"

（4）从飞机的窗口向外看，_____一片云海，非常漂亮。

（5）经过几个月的学习，他的汉语水平已经有了_____提高。

（6）她的手术（shǒushù，การผ่าตัด）做得很成功，手术后身体_____好起来了。

（7）昨天晚上，看了她给我发的邮件，我久久不能_____。

（8）踢完足球，洗了个澡，喝了杯冰奶茶，真_____。

（9）我房间的窗户_____北，所以见不到太阳。

（10）对我来说，这次来中国留学是个非常_____的机会。

> B.

（1）秋天到了，树上的黄叶慢慢地落了_____。
　　A. 下来　　B. 起来　　C. 下去　　D. 上来

（2）我们走着走着，天慢慢地黑了_____。
　　A. 下来　　B. 起来　　C. 上去　　D. 上来

（3）听到外边有人叫，我连忙跑了_____。
　　A. 出去　　B. 出来　　C. 回来　　D. 下来

(4）我叫了半天，他也没听见，_____在打着太极拳。

　　A. 当然　　　B. 仍然　　　C. 既然　　　D. 忽然

(5）_____你看见了，就给我们讲讲飞碟什么样。

　　A. 当然　　　B. 仍然　　　C. 既然　　　D. 忽然

(6）这么好的电影，我_____看啦。

　　A. 当然　　　B. 仍然　　　C. 既然　　　D. 忽然

4 用括号里的词语完成句子 ใช้คำในวงเล็บเติมประโยคให้สมบูรณ์

(1）我打开窗户，_____。（只见）

(2）我走进展览大厅，_____。（只见）

(3）我正准备给他打电话，_____。（忽然）

(4）一拿到毕业证书，_____。（不约而同）

(5）_____，可他连我的话也不愿意听完。（以为）

(6）天已经黑了，星星都出来了，_____。

　　　　　　　　　　　　　　　　　　　　　　　　　（仍然）

(7）_____，从此这一段经历我永远难忘。（因为）

(8）这是朋友送给我的生日礼物，_____。（十分）

5 用括号里的词语完成会话 ใช้คำในวงเล็บเติมบทสนทนาให้สมบูรณ์

(1）A：他这本小说儿写得好吗？

　　B：_____。（十分）

(2）A：你们学校有多少学生？

　　B：_____。（大约）

（3）A：昨晚的足球赛你看了吗？

B：看了，当看到我们赢了的时候，＿＿＿＿＿＿＿＿＿＿＿。

（激动）

（4）A：我不是中国人，不知道这个地方。

B：对不起，＿＿＿＿＿＿＿＿＿＿＿＿＿＿＿＿。（以为）

（5）A：妈，我爸爸最近身体好吗？

B：他手术以后，＿＿＿＿＿＿＿＿＿＿＿＿＿。（渐渐）

（6）A：你要去参加他的婚礼吗？

B：当然。我们很久没见面了，＿＿＿＿＿＿＿＿。（难得）

6 连句成段 เรียงประโยคให้เป็นข้อความที่สมบูรณ์

（1）A. 发现一条宽约三十公里的冰川正在以每年八公里的速度迅速融化

B. 报道还说，科学家（kēxuéjiā，นักวิทยาศาสตร์）的这一结论是在对近四年的卫星数据进行研究后得出的

C. 这一发现表明全球气候仍在继续变暖

D. 最近一期《科学》杂志报道说，科学家对南极的卫星图像进行了研究

＿＿＿＿＿＿＿＿＿＿＿＿＿＿＿＿＿＿＿

（2）A. 为了能让孩子们都受到教育，她让孩子们轮流（lúnliú，สลับกัน ผลัดเวียนกัน）去上学。老师发现：三个孩子中每次只有一个来上课，而且都穿那条裤子

B. 一天，老师给我们讲了这样一个故事：多年以前，南方一个贫困（pínkùn，ยากจน）的山村有一个母亲，她有三个孩子，但她穷得只能给三个孩子做一条裤子

第十一课　我看见了飞碟
บทที่ 11　ฉันมองเห็นจานบิน

C. 后来，三个孩子一个成了大学教授，一个成了著名的医生，一个当了电脑工程师

D. 这位母亲为了让孩子读书，吃了不知道多少苦，但她从来不觉得自己苦，看到自己的孩子一个个学习都很努力，她感到很高兴

_____

7 改错句 แก้ประโยคที่ผิดให้ถูกต้อง

（1）因为是个新电影，大家都买票，不约而同地看。

_____

（2）秋天一来，有十分多的水果在街路上。

_____

（3）我走路上街的时候，被一辆自行车朝我撞伤了。

_____

（4）我只见天空有很多星星。

_____

（5）太阳渐渐落下了，我们快下去山吧。

_____

8 情景表达 ฝึกพูดตามสถานการณ์

1. 下列句子什么情景下说？　ประโยคต่อไปนี้ใช้พูดในสถานการณ์เช่นไร

（1）看到这种情况我很激动。

（2）我感觉发生了不同寻常的事情。

（3）来中国遇到的这件事让我一生难忘。

（4）这一刻，我惊呆了，不知道该说什么。

2. 下列情景怎么说？ จะพูดอย่างไรในสถานการณ์ต่อไปนี้

（1）你早就想来中国留学，可是因为没有得到奖学金，一直来不了，去年你终于得到了中国政府的奖学金，来到了中国，你觉得得到这个机会很不容易。（难得的机会）

（2）上课时，老师问你和其他同学周末是否想去爬山，你们都回答想去。（不约而同）

（3）不久前你给喜欢的人打了电话，希望他 / 她做你的男 / 女朋友。今天你收到了回信，你很兴奋，晚上很长时间没有睡着觉。（久久不能入睡）

9 综合填空 เติมประโยคให้สมบูรณ์

补充生词 คำศัพท์เสริม

①	篓	lǒu	ภาชนะสานด้วยไม้ไผ่ เช่น กระบุง ชะลอม ตะกร้า เป็นต้น
②	熏肠	xūncháng	ไส้กรอกรมควัน
	熏	xūn	รมควัน
③	采访	cǎifǎng	สัมภาษณ์
④	牧民	mùmín	คนที่เลี้ยงสัตว์เป็นอาชีพ
⑤	哈萨克族	Hāsàkè Zú	ชนเผ่าคาซัค
⑥	陈设	chénshè	การจัดวางตกแต่งบ้าน
⑦	主人	zhǔrén	เจ้าของบ้าน เจ้าของ
⑧	馕	náng	นานหรือหนาง แผ่นแป้งอบชนิดหนึ่งที่ชาวซินเจียงชอบทาน
⑨	客套话	kètàohuà	คำพูดตามมารยาท

第十一课 我看见了飞碟

บทที่ 11 ฉันมองเห็นจานบิน

| ⑩ 保安 | bǎo'ān | ยาม เจ้าหน้าที่รักษาความปลอดภัย |
| ⑪ 费周折 | fèi zhōuzhé | ลำบากลำบน |

一篓熏肠

那年深秋的一天，我在新疆采访，来到①_____乌鲁木齐一百多公里的一个牧民村。因为中午赶不回去了，就在一个哈萨克族牧民家里吃午饭。从屋里的陈设②_____，这家人的生活很一般。主人是位五十多岁③_____中年男子，他话不多，看起来很朴实。

饭菜上桌了，是几个馕和一盘熏肠。吃完以后，我向主人④_____感谢，我说："谢谢你的招待，你家的熏肠真好吃。"他听了高兴⑤_____说："是吗？是吗？自己做的，等过节的时候，做了新的、更好的，我送给你尝尝。"

我以为这不过是饭桌上的客套话，说说也就算⑥_____。

⑦_____知道，三个月后的一天，我在报社的窗外看到一个牧民打扮的人和门口保安在说着什么。不久，保安来找我，给了我一个竹篓，说是一个哈萨克族人给我送的熏肠。我一下子想了起来，立刻下楼去追，可追了半天也没追上。

他是怎么来的？是费了多少周折才找到我们报社的？到现在我也不清楚。⑧_____，这位诚实守信的哈萨克族牧民的形象，永远留在了我的心里。

（根据王慧敏的文章改写）

10 **交际会话** ฝึกสนทนาเพื่อการสื่อสาร

怀疑与相信　การสงสัยกับการเชื่อ

A：我看过很多有关飞碟的文章，只是没亲眼见过飞碟。你呢？

B：我见过一次。当时在场的人，却被它那壮观（zhuàngguān，อลังการ โอ่อ่ายิ่งใหญ่）的景象惊呆了。对我来说，那真是一次不同寻常的经历。

A：是真的吗？这么说，你相信飞碟的存在了？

B：从那次以后，我相信了。而且，我还相信宇宙中肯定还存在着其他生物。

A：见到飞碟以后，你怎么想？

B：我想上去，跟它走！

A：我也相信这个世界存在着太多的可能性。要是将来有一天跟外星人见了面，怎么跟他们交流呢？

B：先教他们说汉语呀！

Dì-shí'èr kè
第十二课
บทที่ 12

Hǎorén nán dāng
好人难当
เป็นคนดีนั้นยาก

一 课文 Kèwén บทเรียน

12-1

忽然发现好人难当，尽管你是诚心诚意的，有时也难免吃力不讨好。

下班骑自行车回家，看到一个小男孩儿拿着一盒冰激凌跑过马路，不小心摔倒了，冰激凌飞出好远。小男孩儿趴在地上大哭，我连忙下车把他扶起来。这时从路旁的楼里跑出来一个女人，抱着孩子左看右看，一副心疼的样子，我想是孩子的妈妈，就安慰她说，小孩子摔一跤没关系。她双眼一瞪，对我吼道："你骑车也不小心一点儿，这次没摔伤算你走运！"又指着地上的冰激凌说："赔了冰激凌你可以走了！"

上午还是晴天，中午却阴得厉害，好像要下雨。见邻居家

的被子还在院子里晒着，心想，他们是双职工，恐怕不能回来收，就把被子抱进自己的单身宿舍里，免得被雨淋湿。

下午突然接到通知，要我陪领导去外地检查工作。第五天回到宿舍，才想起邻居家的被子。连忙去还，邻居却说，以为被小偷儿偷走了，就又买了一套新的。我只好向人家一遍又一遍地道歉。朋友们知道了，都说我是个"马大哈"。

去逛公园，看见林荫道上一对青年男女手拉着手在散步，叫人好不羡慕。忽然发现姑娘的裙子后边拉链儿没拉上，很不好看。该不该告诉她？我犹豫着。游人越来越多，我替那姑娘着急，心一横就上前说了。那男的却把眼一瞪："这么大的公园，这么多的风景你不看，却看人家姑娘的拉链儿，你无聊不无聊！"

第十二课 好人难当

บทที่ 12 เป็นคนดีนั้นยาก

　　去修自行车时，一位漂亮的姑娘推着车过来打气，看她打了半天也打不进去，就说："我来帮你打吧。"她连声道谢，说："现在像你这样的好人真是不多了。"我听了十分得意，手中的气筒压得更加起劲儿，还想再和她多聊几句，不料，"砰"的一声——把车胎打爆了……

（根据林小龙的文章改写）

回答课文问题 ตอบคำถามจากบทเรียน

（1）那个孩子的妈妈为什么对"我"吼？
（2）朋友们为什么说"我"是个"马大哈"？
（3）在公园里"我"为什么被误解？
（4）"我"是怎么把姑娘的自行车车胎打爆的？

二　生词 Shēngcí　คำศัพท์  12-2

1. 尽管	jǐnguǎn	（连、副）	ถึงแม้ว่า...ได้เต็มที่
2. 诚心诚意	chéngxīn-chéngyì		ด้วยความซื่อสัตย์และจริงใจ
3. 难免	nánmiǎn	（形）	ยากที่จะหลีกเลี่ยง ไม่พ้นที่จะ... หลีกเลี่ยงไม่ได้ที่จะ...

4. 吃力不讨好 chīlì bù tǎohǎo   ทำคุณใครไม่ขึ้น
   吃力   chīlì   （形） กินแรง ใช้แรงเยอะ
   讨好   tǎo hǎo   （动） เอาใจ ประจบ
5. 盒   hé   （量） กล่อง (คำลักษณนาม)
6. 冰激凌   bīngjīlíng   （名） ไอศกรีม
7. 趴   pā   （动） นอนพังพาบ นอนคว่ำไปบนพื้น
8. 心疼   xīnténg   （动） รู้สึกสงสาร
9. 安慰   ānwèi   （动） ปลอบประโลม ปลอบโยน
10. 双   shuāng   （量） คู่ (คำลักษณนามของสิ่งที่เป็นคู่ เช่น ดวงตา รองเท้า เป็นต้น)
11. 瞪   dèng   （动） ถมึงตา
12. 吼   hǒu   （动） คำราม ตะคอก
13. 道   dào   （动） กล่าว พูด
14. 走运   zǒu yùn   （形） โชคช่วย
15. 指   zhǐ   （动） ชี้ ชี้นิ้ว
16. 赔   péi   （动） ชดใช้ (ค่าเสียหาย)
17. 晴   qíng   （形） ฟ้าแจ้ง มีแดด
18. 阴   yīn   （形） ฟ้าครึ้ม
19. 被子   bèizi   （名） ผ้าห่มนวม
20. 双职工   shuāngzhígōng （名） คู่สามีภรรยาที่ออกทำงานทั้งคู่
21. 收   shōu   （动） เก็บ รับไว้
22. 单身   dānshēn   （名） คนโสด
23. 免得   miǎnde   （连） จะได้ไม่...
24. 道歉   dào qiàn   （动） ขออภัย ขอโทษ
25. 马大哈   mǎdàhā   （名） คนที่สะเพร่าขี้หลงขี้ลืม
26. 逛   guàng   （动） เดินเล่น เดินเตร่

27. 林荫道	línyīndào	（名）	ถนนที่สองข้างทางมีต้นไม้ร่มรื่น
28. 青年	qīngnián	（名）	วัยรุ่น คนหนุ่มสาว
29. 好不	hǎobù	（副）	อย่างมาก ...ชะมัด
30. 拉链（儿）	lāliànr	（名）	ซิป
31. 横	héng	（动）	ทอดขวาง
32. 推	tuī	（动）	ผลัก
33. 打气	dǎ qì	（动）	เติมลม (ให้ยางรถ)
34. 连声	liánshēng	（副）	(พูดหรือร้อง) ติดกันหลายครั้ง (พูดหรือร้อง) เป็นพัลวัน
35. 道谢	dào xiè	（动）	กล่าวขอบคุณ
36. 得意	déyì	（形）	ได้ใจ ปลื้มเปรมใจ
37. 气筒	qìtǒng	（名）	กระบอกสูบลม
38. 压	yā	（动）	กด
39. 更加	gèngjiā	（副）	เพิ่มขึ้น มากขึ้น
40. 起劲（儿）	qǐjìnr	（形）	ออกแรง
41. 砰	pēng	（拟）	ปึ้ง (เสียงกระแทกกันหรือของหนักตกลงบนพื้น)
42. 车胎	chētāi	（名）	ยางรถ
43. 爆	bào	（动）	ระเบิด

三 注释 Zhùshì คำอธิบายประกอบ

1 吃力不讨好 ทำคุณใครไม่ขึ้น

为某事用了很多时间和精力，但是没有得到好的评价。

ลงแรงและเวลาทำอะไรบางอย่างไปมากมาย แต่กลับไม่ได้รับคำตอบรับในทางที่ดี

2 好不羡慕 อิจฉาชะมัด

"好不+形容词"，表示肯定，是"非常/很+形容词"的意思。限于部分双音节形容词。例如：

"好不 + คำคุณศัพท์" ใช้แสดงความหมายเชิงยืนยัน มีความหมายเหมือน "非常 / 很 (อย่างมาก) + คำคุณศัพท์" ทั้งนี้ "好不" จะใช้ได้กับคำคุณศัพท์ที่เป็นคำสองพยางค์จำนวนหนึ่งเท่านั้น อย่างเช่น

好不伤心　　好不热闹　　好不痛快　　好不奇怪

3 心一横就上前说了 กัดฟันก้าวเข้าไปพูด

"心一横"表示下定决心，不顾一切。

"心一横" มีความหมายว่า ตัดสินใจทำโดยไม่สนสิ่งใดๆ

四 词语用法 Cíyǔ yòngfǎ การใช้คำ

1 尽管 jǐnguǎn（连、副）ถึงแม้ว่า ...ได้เต็มที่

1. 连词，虽然，常与"但是、可是"等转折连词搭配使用。常用于前一分句的开头。例如：

เป็นคำเชื่อม แปลว่า ถึงแม้ว่า มักใช้คู่กับคำเชื่อมที่แสดงการขัดแย้ง เช่น "但是" หรือ "可是" ทั้งนี้มักวางไว้ต้นประโยคย่อยส่วนแรก อย่างเช่น

（1）忽然发现好人难当，尽管你是诚心诚意的，有时也难免吃力不讨好。

（2）尽管他最近身体不太好，但是仍坚持工作。

（3）尽管我已经长大了，可是在妈妈眼里，我还是个小孩子。

（4）尽管来了这么长时间了，可是我仍然不习惯早起。

2. 副词，表示没有条件限制，可以放心去做。例如：

เป็นคำวิเศษณ์ หมายถึง สามารถทำไปได้เต็มที่ ไม่มีเงื่อนไขใดๆ อย่างเช่น

（5）你们有问题尽管问老师。

（6）有什么话尽管说吧，别不好意思。

第十二课　好人难当

บทที่ 12　เป็นคนดีนั้นยาก

② **难免 nánmiǎn（形）**ยากที่จะหลีกเลี่ยง ไม่พ้นที่จะ... หลีกเลี่ยงไม่ได้ที่จะ...

不容易避免（出现的情况）。常用在动词前，后面跟"要""会"。例如：

หมายถึง ไม่ง่ายที่จะหลีกเลี่ยง (ไม่ให้เกิดเหตุการณ์นั้นๆ) มักวางไว้หน้าคำกริยา ด้านหลังตามด้วย "要" หรือ "会" อย่างเช่น

(1) 忽然发现好人难当，尽管你是诚心诚意的，有时也难免吃力不讨好。

(2) 做事不认真就难免要出问题。

(3) 就算是朋友之间，意见也难免会不同。

(4) 学习外语，写错、说错都是难免的。

③ **恐怕 kǒngpà（副）** เกรงว่า

表示对情况的估计，有时说话人有担心的意思。作状语。例如：

หมายถึง การคาดเดาเหตุการณ์ โดยบางครั้งผู้พูดอาจแฝงความรู้สึกกังวลไว้ด้วย ใช้เป็นบทขยายภาคแสดง อย่างเช่น

(1) 他们是双职工，恐怕不能回来收被子。

(2) 看样子他恐怕不会来了，我们别等了。

(3) 我们快走吧，恐怕一会儿要下雨。

(4) 她出国恐怕有两年了吧。

用法对比："恐怕"和"可能"

เปรียบเทียบการใช้: "恐怕" กับ "可能"

"恐怕"表示的估计都是不太好的，"可能"表示的估计没有这个限制。例如：

การคาดเดาที่ใช้ "恐怕" ล้วนเป็นเรื่องที่ไม่ค่อยดีนัก ส่วนการคาดเดาที่ใช้ "可能" ไม่มีข้อจำกัดเช่นนี้ อย่างเช่น

(1) 他今天没来上课，<u>恐怕/可能是病了</u>。

(2) 你跟老师说说，<u>可能/*恐怕她会同意</u>。

"可能"还可以受副词"很、非常"修饰,"恐怕"不能。例如:

"可能" ยังสามารถใส่คำวิเศษณ์ "很" หรือ "非常" เพื่อเป็นบทขยายได้ แต่ "恐怕" ไม่ได้ อย่างเช่น

（3）他很可能 /* 恐怕已经回国了。

4 免得 miǎnde（连）จะได้ไม่...

多用于后一小句。表示（做了前一分句所说的事情，就可以）避免某种不希望的情况发生。例如:

ส่วนใหญ่จะใช้ในประโยคย่อยส่วนหลัง เพื่อแสดงความหมายว่า (ทำสิ่งที่ได้กล่าวไว้ในประโยคย่อยข้างหน้า ก็เลยสามารถ) หลีกเลี่ยงเหตุการณ์ที่ไม่ต้องการให้เกิดขึ้น อย่างเช่น

（1）我把他们的被子抱进自己的单身宿舍里，免得被雨淋湿。

（2）骑车上街一定要小心，免得发生事故。

（3）我病了的消息你最好不要告诉他，免得他担心。

（4）带上雨伞吧，免得下雨淋着。

5 来 lái（动）มา เอามา

1. 代替意义具体的动词。例如:

ใช้แทนคำกริยาอื่นที่มีความหมายชัดเจน อย่างเช่น

（1）你拿那个包，这个我自己来。

（2）服务员，来两瓶可乐！

2. 用在另一个动词或动词词组前面，表示要做某事。例如:

ใช้วางไว้หน้าคำกริยาหรือกริยาวลีอีกตัว เพื่อบอกว่าจะทำเรื่องบางอย่าง อย่างเช่น

（3）一位漂亮的姑娘推着车过来打气，看她打了半天也打不进去，就说："我来帮你打吧。"

（4）你来帮我拉一下儿。

（5）别着急，这个问题大家来想想办法。

第十二课　好人难当

บทที่ 12　เป็นคนดีนั้นยาก

五　练习 Liànxí　บทฝึกฝน

1 语音 ฝึกออกเสียง　12-3

（1）辨音辨调　ฝึกแยกแยะเสียง

诚心	chéngxīn		称心	chènxīn
难免	nánmiǎn		南边	nánbian
吃力	chīlì		视力	shìlì
单身	dānshēn		担心	dān xīn
好不	hǎobù		好处	hǎochù
安慰	ānwèi		安危	ānwēi
得意	déyì		特意	tèyì

（2）朗读　ฝึกอ่านออกเสียง

有理走遍天下，　　Yǒulǐ zǒubiàn tiānxià,
无理寸步难行。　　Wúlǐ cùnbù nán xíng.

真金不怕火炼。　　Zhēnjīn bú pà huǒ liàn.
有志者事竟成。　　Yǒu zhì zhě shì jìng chéng.

2 词语 ฝึกอ่านคำศัพท์

别摔着	别碰着	别冻着
拉上拉链儿	拉开拉链儿	拉上窗帘儿（chuānglián r, ผ้าม่าน）
诚心诚意	真心真意	一心一意
去逛公园	去逛商店	去逛书店
好不羡慕	好不得意	好不高兴
十分得意	十分满意	十分难过
打不进去气	踢不进去球	看不进去书

3 选词填空 เลือกคำมาเติมลงในช่องว่างให้ถูกต้อง

A. 羡慕 免得 走运 难免 吃力 道歉 诚心诚意 安慰

（1）她是_____想帮助你，你不要辜负（gūfù，ทำให้ผิดหวัง หักหลัง）了她的好心。

（2）刚到一个新环境，_____有点儿不习惯。过一段时间就好了。

（3）她学习上有点儿_____。

（4）你要去不了就快给他打个电话，_____他等你。

（5）这件事是你的不对，你应该向他_____。

（6）每当我感到难过的时候，她总来_____我。

（7）我真_____他，这么年轻就取得这么大的成绩。

（8）这场球他们队不太_____，有几个该进的球都没有踢进去。

4 用括号里的词语完成句子 ใช้คำในวงเล็บเติมประโยคให้สมบูรณ์

（1）学习汉语真不容易，尽管很努力，_____。（难免）

（2）_____，但是她仍然坚持了下来。（尽管）

（3）外边很冷，出门一定要多穿点儿，_____。（免得）

（4）你看天阴得多厉害，_____。（恐怕）

（5）我正准备给他打电话，_____。（突然）

（6）这是朋友送给我的生日礼物，_____。（十分）

5 用括号里的词语完成会话 ใช้คำในวงเล็บเติมบทสนทนาให้สมบูรณ์

（1）A：有的句子我听得懂，但是说不出来。
　　 B：_____。（难免）

（2）A：你听天气预报了没有，今天有雨吗？
　　 B：有雨，你带上雨伞吧，_____。（免得）

（3）A：听说他喜欢的女孩儿答应做他女朋友了。

　　B：是啊，＿＿＿＿＿＿＿＿＿＿＿＿＿＿＿＿＿＿。（得意）

（4）A：今天下午的会你能参加吗？

　　B：＿＿＿＿＿＿＿＿＿＿＿＿＿＿＿＿＿＿＿＿。（恐怕）

（5）A：他已经三十岁了，学习外语有点儿吃力。

　　B：＿＿＿＿＿＿＿＿＿＿＿＿＿＿＿＿＿＿＿＿。（尽管）

（6）A：这个箱子太重了，我提不动。

　　B：我＿＿＿＿＿＿＿＿＿＿＿＿＿＿＿＿＿＿＿。（来）

6 **连句成段** เรียงประโยคให้เป็นข้อความที่สมบูรณ์

（1）A. 雷锋能够成为中国人心中的英雄，主要是因为他总是助人为乐

　　B. 雷锋告诉了我们人生的真正意义：自己活着是为了让别人生活得更美好

　　C. 你问我，我是一个外国老板，为什么我的桌子上会摆着一个雷锋的雕像

　　D. 我想，你如果知道雷锋是谁，你如果看过这本书，你就会明白，为什么雷锋能受到中国人的称赞，为什么我这个老外也要向雷锋学习

　　E. 你就会找到问题的答案，说不定你也会对书中写的雷锋这个人产生兴趣

　　　＿＿＿＿＿＿＿＿＿＿＿＿＿＿＿＿＿＿

（2）A. 站在地上望它，它像一个大盖子

　　B. 很好地保护（bǎohù, ปกป้อง）着我们的地球，使我们人类能够在这里生存（shēngcún, มีชีวิตอยู่ได้ อยู่รอด）

C. 大气层是贴近地球表面的一层空气

D. 它不仅把地球装饰得如此美丽，而且还是一道天然的保护层

E. 飞到别的星球上看它，它像盖住地球的一层轻纱

_____

7 改错句 แก้ประโยคที่ผิดให้ถูกต้อง

（1）他得意他的汉语说得很好。
_____

（2）我要赶快交作业及时（jíshí，ทันเวลา），免得老师批评。
_____

（3）纪念碑前的鲜花表示人们对烈士人的羡慕。
_____

（4）我很吃力地考试，但是成绩不太好。
_____

（5）你再告诉他，难免他忘了。
_____

（6）因为我碰了他，赶快道歉他说："对不起。"
_____

8 情景表达 ฝึกพูดตามสถานการณ์

1. 下列句子什么情景下说？ ประโยคต่อไปนี้ใช้พูดในสถานการณ์เช่นไร

（1）这真是吃力不讨好。

（2）我连忙向她道歉。

（3）你真是个"马大哈"。

2. 下列情景怎么说？　จะพูดอย่างไรในสถานการณ์ต่อไปนี้

（1）丈夫要出门，妻子要他带上雨伞。　（免得）

（2）有人问你，玛丽今天回来不回来，你认为她可能不回来。　（恐怕）

（3）你的朋友考试得了全校第一名，你对他说很羡慕他。　（好不）

9 综合填空 เติมประโยคให้สมบูรณ์

补充生词 คำศัพท์เสริม

①	抬	tái	เงยขึ้น ยกขึ้น
②	漫天	màntiān	(ลอย) เต็มฟ้า
③	抱怨	bàoyuàn	บ่น
④	甜蜜	tiánmì	มีความสุข สุขใจ หวานชื่น
⑤	感伤	gǎnshāng	รู้สึกเศร้า หดหู่ใจ
⑥	欣喜	xīnxǐ	ความปีติยินดี
⑦	沉默	chénmò	นิ่งเงียบ
⑧	魅力	mèilì	เสน่ห์
⑨	冒险	mào xiǎn	เสี่ยง เสี่ยงอันตราย
⑩	冲动	chōngdòng	ความมุทะลุ
⑪	镇静	zhènjìng	ทำใจสงบนิ่ง ทำใจเย็น
⑫	胡思乱想	húsī-luànxiǎng	คิดอะไรวุ่นวาย คิดเพ้อเจ้อ
⑬	戒心	jièxīn	ระแวดระวัง (ภัย อันตราย)
⑭	信任	xìnrèn	เชื่อใจ ไว้ใจ
⑮	怀疑	huáiyí	ระแวงสงสัย

春天的故事

听到门响,知道是丈夫回来①_____。

"晚上车顺利吧?"

没有回答,想是有话要说,我便抬起头来。

"挺顺利的。"丈夫说。目光却望②_____窗外。

"车上有一个女孩儿,好像没来过这边,问方村还有几站,我告诉了她。一起下车后,见她犹犹豫豫地四处张望,我很想问她去哪儿,为她指路或送她一段,可是还是走开了,怕她把我③_____坏人,搞得不愉快。"

说完了,丈夫那表情好像做错了什么事似的,没再说话。

窗外,雨还在轻轻地下着,风吹了进来。今年的春天有些特别,少了些漫天的黄风,多了几场不大不小的春雨。虽然人们有点儿抱怨,但那树枝却诚心诚意地绿了起来。不知不觉中,我的心里突然有了一种不是痛苦、不是甜蜜、不是感伤、不是欣喜的滋味儿。

几天前,也是这样一个下雨的晚上,从朋友家出④_____,到车站坐车回家。在风雨中,我拉紧了衣领,来回走着,着急地等着车,心想,车来之前一定会被淋成个落汤鸡。忽听身边一个很低却很清晰的男声说:"站到这伞下来吧。"我忽然收住了脚,"哦,不!"我本能地回答那黑暗中的声音,却没再动。陌生男人转过脸对着马路,过了几秒钟又说:"站过来吧!雨下⑤_____这么大!"不知是这声音里的命令意味,还是那高大的个子在沉默中显示的魅力,⑥_____我产生了想冒险的冲动,于是迈了一步站到了他的伞下。听得到自己心里咚咚直跳,装作很镇静地抬头看看那伞。那伞已经破了,雨水滴到陌生男人的肩上,那张脸仍镇静

第十二课　好人难当

地面对马路。车很快就来了，我这才松了一口气，轻声地道了谢，⑦_____头也不回地跳上车，感受到的仍是背后的目光。

窗外仍然是细细的雨声。

这时我也开始胡思乱想⑧_____来，那小女孩儿是否被淋湿了？她是否顺利地找到了要去的地方？不知那低声男子是否还记得，那天在车站他的好意换来的是我的一脸警惕？不知他后来是否还肯在黑夜中与淋湿的路人共享一些温暖？真愿大家都能多一些爱心，少一些戒心，多一些信任，少一些怀疑。

有了这场春雨，今年的春天会更美，我想。

⑩ 交际会话 ฝึกสนทนาเพื่อการสื่อสาร

评论（2）　การแสดงความเห็น (2)

（下课后，A和B在讨论课文中的问题 หลังเลิกเรียน เอกับบีพูดคุยกันถึงปัญหาที่อยู่ในบทเรียน）

A：没想到做好事还会遇到这么多想不到的麻烦。

B：是啊！这个人好心帮邻居收被子，差点儿被人家当成小偷儿；好心帮人打气，又打爆了车胎……

A：所以，做好事只靠热心还不行，还要注意方法。

B：不过，我还是觉得这个人很可爱（kě'ài, น่ารัก），他助人为乐的精神叫人感动。

A：对，我也喜欢他，甚至喜欢他那些美丽的错误（cuòwù, ความผิดพลาด）。

B：是啊！这些美丽的错误，给生活带来了不少欢乐。

A：我佩服他一次又一次地不被别人理解，还做好事。好人难当还要当，这才是真正的好人呢。

Dì-shísān kè
第十三课
บทที่ 13

Bǎixìng de huà
百姓的话
คำของประชาชน

一 课文 Kèwén บทเรียน  13-1

姓名：高明

性别：男

职业：外地打工青年

出来打工快一年了，特别想家，想爸爸妈妈。我在家是老大，下面还有一个弟弟、一个妹妹。我们家生活挺好的，以种地为主，兼搞一些副业。家里有房，有地。我高中毕业后，在家常帮爸爸妈妈干些农活儿。"在家千日好，出门一时难。"出来总没有在家好。要自己照顾自己，要自己洗衣服，还要学习怎么跟周围的人打交道。总之，挺难的。不过我想，这对我也是个锻炼，一个人总不能守着父母过一辈子，总得自立。想到这儿，心情就好一点儿。

第十三课 百姓的话

บทที่ 13 คำของประชาชน

姓名：李文

性别：女

职业：电视台编辑

单亲家庭的日子不好过。离婚后，儿子跟了我，我很高兴。但一个女人带一个孩子，家务事就够我忙的了，想出去玩儿玩儿，哪怕是看一场电影都不行。一下班就得赶快往家跑，特别怕孩子出事。休息

日得给儿子复习功课，自己的能力不够，给儿子请了个家教，我得陪读。孩子今年考初中，晚上连电视我都不敢看，怕影响儿子学习。好在孩子还算听话，功课也不错。我自己的事三年内不考虑，等孩子大点儿，懂事时再说。

姓名：克风

性别：男

职业：歌手

最初来北京是想考电影学院，没有考上，就留在这儿当了歌手，一待就是四年。家中只有母亲一人，春节前又摔伤了。我一岁多父亲就去世了，母亲一个人把我们姐弟三人养大。我想把母亲接到北京来，可我们

歌手的工作、生活都不安定，母亲知道了反而更担心；回到母亲身边去吧，我现在一没有成就，二没有钱，实在没脸回去见同学、朋友。朋友们说我不孝，我知道自己不是不孝。其实我心里也很矛盾，觉得挺苦的。

回答课文问题 ตอบคำถามจากบทเรียน

（1）打工青年高明为什么觉得自己"挺难的"？
（2）电视台编辑李文的日子过得怎么样？她现在为什么不想解决自己的个人问题？
（3）歌手克风为什么不把母亲接到自己身边？他是不孝吗？

二　生词 Shēngcí　คำศัพท์　 13-2

1.	百姓	bǎixìng	（名）	ประชาชน ชาวบ้าน
2.	姓名	xìngmíng	（名）	ชื่อ-สกุล
3.	性别	xìngbié	（名）	เพศ
4.	职业	zhíyè	（名）	อาชีพ
5.	老大	lǎodà	（名）	ลูกคนโต
6.	以……为主	yǐ…wéi zhǔ		อาศัย...เป็นหลัก
	以	yǐ	（介）	ถือเอา ใช้ อาศัย
7.	种地	zhòng dì	（动）	ทำนา ทำเกษตรกรรม
	地	dì	（名）	ที่ดิน พื้นดิน
8.	兼	jiān	（动）	ควบคู่กับ
9.	副业	fùyè	（名）	อาชีพเสริม
10.	高中	gāozhōng	（名）	มัธยมศึกษาตอนปลาย

第十三课　百姓的话

บทที่ 13　คำของประชาชน

11.	农活儿	nónghuór	（名）	งานในท้องไร่ท้องนา งานการเกษตร
12.	一时	yìshí	（名）	ช่วงระยะเวลาหนึ่ง ชั่วขณะหนึ่ง
13.	照顾	zhàogù	（动）	ดูแล
14.	总之	zǒngzhī	（连）	สรุปแล้ว
15.	守	shǒu	（动）	เฝ้าไว้
16.	一辈子	yíbèizi	（名）	ชั่วชีวิต ทั้งชาติ
17.	总得	zǒngděi	（副）	ยังไงก็ต้อง
18.	自立	zìlì	（动）	ยืนด้วยลำแข้งของตัวเอง อยู่ด้วยตัวเอง
19.	编辑	biānjí	（名、动）	บรรณาธิการ ทำงานตรวจแก้หนังสือหรืองานสื่อสิ่งพิมพ์
20.	单亲	dānqīn	（形）	(ครอบครัว) ที่เลี้ยงเดี่ยว
21.	带	dài	（动）	ดูแลเลี้ยงดู (ลูก)
22.	家务	jiāwù	（名）	งานบ้าน
23.	哪怕	nǎpà	（连）	ต่อให้
24.	出事	chū shì	（动）	เกิดเรื่อง มีปัญหา
25.	家教	jiājiào	（名）	ครูสอนพิเศษตามบ้าน
26.	陪读	péidú	（动）	เรียนเป็นเพื่อน
27.	初中	chūzhōng	（名）	มัธยมศึกษาตอนต้น
28.	好在	hǎozài	（副）	ยังดีที่
29.	听话	tīng huà	（形）	เชื่อฟัง ว่านอนสอนง่าย
30.	内	nèi	（名）	ภายใน
31.	懂事	dǒng shì	（形）	รู้ความ เข้าใจเหตุผล
32.	歌手	gēshǒu	（名）	นักร้อง
33.	最初	zuìchū	（名）	ตอนแรกสุด

34. 学院	xuéyuàn	（名）	วิทยาลัย
35. 去世	qùshì	（动）	ถึงแก่กรรม เสียชีวิต
36. 接	jiē	（动）	รับ
37. 安定	āndìng	（形、动）	มั่นคงแน่นอน ตั้งตัวได้มั่นคง
38. 反而	fǎn'ér	（副）	กลับ...เสียด้วยซ้ำไป
39. 身边	shēnbiān	（名）	ข้างกาย
40. 成就	chéngjiù	（名）	ความสำเร็จ
41. 没脸	méi liǎn	（动）	ไม่มีหน้าที่จะ...
42. 孝	xiào		กตัญญู

专名 Zhuānmíng ชื่อเฉพาะ

1. 高明	Gāo Míng	เกาหมิง (ชื่อคน)
2. 李文	Lǐ Wén	หลี่เหวิน (ชื่อคน)
3. 克风	Kè Fēng	เค่อเฟิง (ชื่อคน)

三 注释 Zhùshì คำอธิบายประกอบ

1 老大 ลูกคนโต

老大：ลูกคนโต
老二：ลูกคนรอง
老三：ลูกคนที่สาม

2 以……为主 อาศัย...เป็นหลัก

“为”是“作为”，“主”表示基本的、最重要的。“以……为主”是一种常用的表达方式。“以种地为主”是把种地作为主要职业。

第十三课 百姓的话

บทที่ 13 คำของประชาชน

"为" มาจาก "作为" (ถือเป็น ใช้เป็น) ส่วน "主" หมายถึง เป็นพื้นฐาน ที่สำคัญที่สุด "以……为主" เป็นประโยคที่มักใช้กันบ่อยๆประโยคหนึ่ง "以种地为主" ก็คือยึดการทำนาเป็นอาชีพหลัก

③ **在家千日好，出门一时难。** อยู่บ้านแสนสบาย ออกไปข้างนอกลำบาก

谚语。表示出门在外比在家困难。

สุภาษิตคำพังเพย หมายถึง การออกไปใช้ชีวิตข้างนอกย่อมยากลำบากกว่าอยู่บ้าน

④ **我自己的事三年内不考虑。** ในสามปีนี้จะไม่คิดเรื่องของตัวเอง

句中"自己的事"是指"再婚"。

"自己的事" ในประโยค หมายถึง การแต่งงานใหม่

四 词语用法 Cíyǔ yòngfǎ การใช้คำ

① **总之 zǒngzhī（连）** สรุปแล้ว

也说"总而言之"，总括上文所说。例如：

หรือ "总而言之" เป็นการสรุปความที่ได้พูดไว้ก่อนหน้า อย่างเช่น

(1) 要自己照顾自己，要自己洗衣服，还要学习怎么跟周围的人打交道。总之，挺难的。

(2) 听力、口语、阅读、写作，总之哪门功课都很重要，都得学好。

(3) 玛丽说要去西安，麦克说要去云南，总之全班同学各有各的计划。

(4) 田芳喜欢打太极拳，张东喜欢打网球，我一般下午去操场玩儿一会儿篮球。总之，大家都比较注意锻炼。

2 总得 zǒngděi（副）ยังไงก็ต้อง

表示必要、一定要、必然要这样。例如：
หมายถึง จะต้อง ต้อง...แน่ๆ ต้องเป็นเช่นนี้อย่างแน่นอน อย่างเช่น

（1）一个人总不能守着父母过一辈子，总得自立。

（2）一到春天，天气总得冷一段时间才能慢慢变暖和。

（3）不能去上课，总得告诉老师一声吧。

3 够 gòu（副、动）พอ เอื้อมถึง เพียงพอ

1 副词 เป็นคำวิเศษณ์

1. 表示程度很高。用在形容词前，句末常带"的""了""的了"。例如：
หมายถึงมีระดับสูงมาก ใช้วางไว้หน้าคำคุณศัพท์ ท้ายประโยคมักเติม "的"，"了" หรือ "的了" อย่างเช่น

（1）家务事就够我忙的了，想出去玩儿玩儿，哪怕是看一场电影都不行。

（2）她一个人又上班又要带孩子，够难的。

（3）今年夏天够热的。

（4）你一个人住一个房间够好了，我们都是两个人住一个房间。

2. 表示达到一定标准。用在形容词前。形容词只能是积极意义的，不能是相应的反义词。例如：
ใช้แสดงว่ามีระดับถึงตามมาตรฐานหนึ่ง ใช้วางไว้หน้าคำคุณศัพท์ โดยคำคุณศัพท์ที่ใช้คู่กันนั้นจะต้องมีความหมายเชิงบวกเท่านั้น จะเป็นคำตรงข้ามของคำคุณศัพท์ประเภทนี้ไม่ได้

（5）你看这条裙子够不够长？

（6）他的个子当篮球运动员不够高。

2 动词 เป็นคำกริยา

1.（用手或工具）伸到不易达到的地方取（东西）。例如：
(ใช้มือหรืออุปกรณ์) เอื้อมไปยังที่ๆไปถึงไม่ง่ายเพื่อหยิบของ อย่างเช่น

（1）要站在椅子上，不然够不着。

（2）你够得着上边的那本书吗？

第十三课　百姓的话
บทที่ 13　คำของประชาชน

2. 满足或达到了需要的数量、标准、程度等。例如：
มีปริมาณ มาตรฐานหรือระดับที่เพียงพอกับหรือสมกับความต้องการ อย่างเช่น

（3）你一个月两千块钱够用吗？

（4）路上带一瓶水够不够？

（5）你买的牛奶够我们喝两天。

（6）当翻译，我现在还不够条件。

3. 作结果补语，表示超过所需的标准、程度等。多表达厌烦、不喜欢的情绪。例如：

"够" เมื่อใช้เป็นบทเสริมบอกผล ใช้แสดงว่ามีระดับที่เกินกว่าที่ต้องการหรือเกินมาตรฐาน ส่วนใหญ่แสดงความรู้สึกเบื่อระอา หรือไม่ชอบใจ อย่างเช่น

（7）每天吃这个，我早就吃够了。

（8）这个工作我真干够了。

4 哪怕 nǎpà（连）ต่อให้

表示假设出现某种情况或条件（也不会改变结果），后边多用"都""也"等呼应。例如：

ใช้บอกการสมมติว่าเกิดเหตุหรือเงื่อนไขบางอย่างขึ้น (ก็จะไม่ทำให้ผลเปลี่ยนแปลงไป) ด้านหลังส่วนมากจะใช้ "都" หรือ "也" มาสอดรับกัน อย่างเช่น

（1）家务事就够我忙的了，想出去玩儿玩儿，哪怕是看一场电影都不行。

（2）哪怕今天晚上不睡觉，我也得把这篇文章写完。

（3）别说一百块钱，哪怕一千块钱我也要买。

（4）哪怕有再大的困难，我也要坚持学下去。

注意："哪怕"和"即使"用法基本相同。"哪怕"多用于口语。

ข้อสังเกต："哪怕" กับ "即使" มีการใช้โดยรวมแล้วเหมือนกัน แต่ "哪怕" ส่วนมากจะใช้ในภาษาพูด

5 **敢** gǎn（动）กล้า

有勇气、大胆地做某事。用在动词前边，也可以单独回答问题。表示否定时在"敢"前加"不"或"没"。例如：

หมายถึง มีความกล้าหาญ กล้าที่จะทำอะไรบางอย่าง ใช้วางไว้หน้าคำกริยา หรือจะใช้เดี่ยวๆเพื่อตอบคำถามก็ได้ เวลาใช้ในรูปปฏิเสธ จะเติม "不" หรือ "没" ไว้ด้านหน้า "敢" อย่างเช่น

（1）孩子今年考初中，晚上连电视我都不敢看，怕影响孩子学习。

（2）今天路上车太多，我没敢开车出门。

（3）老师叫我们回答问题的时候，我总是不敢说。

（4）A：你敢不敢从这儿游过去？
　　　B：敢。

6 **好在** hǎozài（副）ยังดีที่

指某种有利的方面、条件或情况。例如：

ใช้กล่าวถึงด้าน เงื่อนไข หรือสถานการณ์ที่มีผลดีอะไรบางอย่าง อย่างเช่น

（1）最近我特别忙，没有时间照顾家，好在孩子还算听话。

（2）房间不太大，好在只我一个人住。

（3）妈妈身体不太好，好在我们家离医院很近。

7 **一……就是……** yī…jiù shì… โครงสร้าง "一……就是……"

表示某个动作一开始就持续很长时间。"一"后面是动作，"就是"后面是动作持续的时间。例如：

ใช้แสดงถึงการกระทำอย่างหนึ่งที่เมื่อเริ่มต้นทำแล้วก็ทำไปอย่างต่อเนื่องเป็นระยะเวลาที่ยาวนาน ด้านหลัง "一" จะเป็นการกระทำ ส่วนด้านหลัง "就是" เป็นระยะเวลาที่กระทำไปอย่างต่อเนื่อง อย่างเช่น

（1）因为没考上大学就留在北京当了歌手，一待就是四年。

（2）他晚上看书，一看就是一两个小时。

（3）他在电脑前一坐就是半天。

⑧ 反而 fǎn'ér（副） กลับ...เสียด้วยซ้ำไป

根据前文 A，下文应当出现情况 B，但是 B 没有出现，却出现了与 B 相反的情况 C，这时要用"反而"。表示 C 的出现不合常理或出乎意外。例如：

ตามบริบท A ที่อยู่ก่อนหน้านั้น ควรจะต้องเกิดสถานการณ์ B ตามมา แต่สถานการณ์ B ไม่ได้เกิดขึ้น กลับเกิดสถานการณ์ C ซึ่งเป็นสถานการณ์ตรงข้ามกับสถานการณ์ B แทน ในกรณีนี้จะต้องใช้ "反而" เพื่อแสดงว่า การเกิดสถานการณ์ C นั้นไม่ได้เป็นไปตามที่ควรจะเป็นหรืออยู่นอกเหนือความคาดหมาย อย่างเช่น

（1）我想把母亲接到北京来，可我们歌手的工作、生活都不安定，母亲知道了反而更担心。

（2）春天到了，反而下起雪来了。

（3）他离这儿最远，反而来得最早。

（4）雨已经下了一天一夜了，今天不但没有停，反而越下越大了。

五 练习 Liànxí บทฝึกฝน

① 语音 ฝึกออกเสียง 🔊 13-3

（1）辨音辨调　ฝึกแยกแยะเสียง

姓名	xìngmíng	性命	xìngmìng
职业	zhíyè	枝叶	zhīyè
一时	yìshí	于是	yúshì
自立	zìlì	资历	zīlì
出事	chū shì	厨师	chúshī
不孝	bú xiào	不小	bù xiǎo

（2）朗读　ฝึกอ่านออกเสียง

一口吃不成个胖子。　　Yì kǒu chī bu chéng gè pàngzi.
失败是成功之母。　　　Shībài shì chénggōng zhī mǔ.
青出于蓝而胜于蓝。　　Qīng chū yú lán ér shèng yú lán.
人无远虑，必有近忧。　Rén wú yuǎnlǜ, bì yǒu jìn yōu.

2 词语 ฝึกอ่านคำศัพท์

从今天起	从明年起	从下个星期起
以种地为主	以学习为主	以工作为主
影响学习	影响休息	受影响
带孩子	带大	带学生
当了导游	当了翻译	当了老师
生活挺苦的	心里挺苦的	中药挺苦的

3 选词填空 เลือกคำมาเติมลงในช่องว่างให้ถูกต้อง

A. 以……为主 好在 总得 照顾 敢 一时 反而 担心
   安定 最初 够 哪怕

（1）不管多么忙，我每天_____坚持锻炼一个小时。

（2）我安慰了她几句，没想到她_____更难过了。

（3）学生当然应该_____学习_____。

（4）他是我初中同学，不过我_____想不起来他的名字了。

（5）我来留学以后，妹妹负责_____我的小狗。

（6）我每天都觉得时间不_____用。

（7）我可不_____一个人去旅行。

（8）_____生活再困难，爸爸也从来没有在困难面前低过头。

（9）刚来时我各方面都不习惯，_____我有几个好朋友，他们给了我很多帮助。

（10）_____我想去美国留学，后来才决定来中国的。

（11）她喜欢当老师，她认为老师的工作比较_____。

（12）儿子的工作和生活一直不安定，母亲很_____他。

第十三课　百姓的话

บทที่ 13　คำของประชาชน

B.

（1）雨不但没有停，_____下得更大了。　　（但是　反而）

（2）雨没有停，_____比刚才小多了。　　（但是　反而）

（3）_____再苦再累也要坚持下去。　　（尽管　哪怕）

（4）_____很苦很累，但是大家的心情都很愉快。

（尽管　哪怕）

（5）要有不_____任何困难的决心，才能取得成功。

（担心　怕）

（6）我在这里挺好的，爸爸妈妈不用为我_____。（担心　怕）

4　用括号里的词语完成句子　ใช้คำในวงเล็บเติมประโยคให้สมบูรณ์

（1）一个人在国外留学，要自己照顾自己，自己做饭吃，自己洗衣服。_____。（总之）

（2）他喝了很多酒，不能让他再开车了，_____。（怕）

（3）朋友想跟我借钱，可是我这个月的钱也不够用了，_____。（总得）

（4）昨天晚上几乎一夜没睡，我真想找个地方睡一会儿，_____。（哪怕……也……）

（5）妈妈总为我个人的事着急，可我想继续读书，_____。（再说）

（6）这些有名的地方我都去过，你是北京人_____。（反而）

5　用括号里的词语完成会话　ใช้คำในวงเล็บเติมบทสนทนาให้สมบูรณ์

（1）A：明天我们去爬山吧。

　　　B：我不想去，星期一要考试，_____。

（总得）

（2）A：你去机场送她吗？

B：应该送送她，可是我明天有考试，_____。

（一时）

（3）A：你这本书先借给我看看吧，_____。

B：好吧，你拿去看吧。 （哪怕）

（4）A：你不打算结婚了？

B：我还想继续读书，_____。（再说）

（5）A：她哭得那么伤心（shāng xīn，โศกเศร้าเสียใจ），快去安慰安慰她吧。

B：不用，过一会儿就好了，你一安慰，她_____

_____。（反而）

（6）A：北京的天气真怪（guài，ประหลาด แปลก），春天了，反而更冷了。

B：每年春天都是这样，_____。（好在）

6 连句成段 เรียงประโยคให้เป็นข้อความที่สมบูรณ์

（1）A. 还说动物中鸟类的语言和人类的语言几乎一样多，虽然它们发出的只是不同的声音，还不能算作语言

B. 报上说，世界上人类的语言有两千七百多种

C. 报告中说，像人类那样，一种鸟类也爱学习别的鸟类的语言

D. 动物学家通过研究，写出了一份有趣的鸟类语言的报告

_____

第十三课　百姓的话

บทที่ 13　คำของประชาชน

(2) A. 因此，保证大气圈的良好状态已成为各国人民的共同要求

B. 大气中的二氧化碳一点点增加，地球表面散热作用越来越弱

C. 科学家（kēxuéjiā，นักวิทยาศาสตร์）指出，目前，由于人类大量燃烧煤、石油、天然气

D. 如果这样下去，地球上的气温可能会越来越高，严重影响人类的生存（shēngcún，มีชีวิตอยู่ได้ อยู่รอด）

_____

7 改错句 แก้ประโยคที่ผิดให้ถูกต้อง

(1) 哪怕今天怎么再忙，我都要把这本书看完。

_____

(2) 我们都喜欢看这个电影，他反而不喜欢。

_____

(3) 日本同学说日语很容易学，我反而觉得很难学。

_____

(4) 现在春天了，天气不但不暖和，反而不冷。

_____

(5) 她没来过中国，反而想来中国。

_____

(6) 她考试不太好，觉得很没脸了。

_____

195

汉语教程（第3版 泰文版）第三册 上

แบบเรียนภาษาจีน 3 เล่ม 1 (ฉบับภาษาไทย พิมพ์ครั้งที่ 3)

8 情景表达 ฝึกพูดตามสถานการณ์

1. 根据实际情况回答。　ตอบคำถามต่อไปนี้ตามสถานการณ์จริง

（1）你出国留学已经快一年了，什么时候让你觉得"挺难的"？什么时候"心情会好一点儿"？

（2）说说曾经让你感到"为难"的事。

（3）什么时候你会"担心"？

（4）你有没有"心里挺苦"的时候？是什么时候？

2. 下列情景怎么说？　จะพูดอย่างไรในสถานการณ์ต่อไปนี้

（1）离开家一年了，总觉得在外边没有在家好。

（在家千日好，出门一时难）

（2）同学们都考上了大学，而自己没有考上，心情很不好。

（没脸）

（3）你跟谈了多年的男/女朋友分手（fēn shǒu，แยกทาง เลิกรา）了，心里很难过。

（心里挺苦的）

9 综合填空 เติมประโยคให้สมบูรณ์

补充生词 คำศัพท์เสริม		
① 地理	dìlǐ	ภูมิศาสตร์
② 探险	tànxiǎn	ผจญภัย
③ 游记	yóujì	บันทึกการเดินทาง
④ 游历	yóulì	ทัศนาจร เดินทางท่องเที่ยว
⑤ 志	zhì	ความมุ่งมั่น ความตั้งใจ ปณิธาน
⑥ 四方	sìfāng	สี่ทิศทาง ทุกทิศทาง
⑦ 翻山	fān shān	ข้ามภูเขา

第十三课　百姓的话

บทที่ 13　คำของประชาชน

| ⑧ 散文 | sǎnwén | บทความปกิณกะ |
| ⑨ 地位 | dìwèi | ฐานะ สถานะ |

徐霞客

　　徐霞客（Xú Xiákè, สวีเสียเค่อ）是中国古代有名①_____旅行家、地理学家。②_____从小就热爱大自然，特别爱读地理和探险游记一类的书，不少内容他都能背下③_____。

　　十九岁那年，徐霞客想外出游历考察，实现他从小的愿望，走遍中国的山山水水，考察大自然。但他又担心母亲年纪大了，无人照顾，心中有点儿犹豫，也④_____为难。母亲看出了他的心思，就⑤_____他说："人常说，猪舍养不出千里马，花盆种不下万年松。好男儿要志在四方。孩子，别管我，你走吧！"

　　在母亲的支持下，他从太湖（Tài Hú, ทะเลสาบไท่หู）出发，翻过了五⑥_____大山。每到一个地方都把自己看到的记录下来，后来写⑦_____了《徐霞客游记》。这部书既是优秀的散文集，⑧_____是重要的地理著作，在中国科学文化史上有十分重要的地位。

10　交际会话 ฝึกสนทนาเพื่อการสื่อสาร

谈论苦与甜　พูดคุยเรื่องทุกข์และสุข

A：我现在才真正感到"在家千日好，出门一时难"了。

B：又遇到什么困难了？

A：困难多了，我得自己做饭、洗衣服、买东西，还得自己打扫房间，总之都挺难的。

B：你听说过"好男儿志在四方"这句话吗？

A：听说过。我就是想锻炼锻炼自己，才出国来留学的。

B：既然这样，你还叫什么苦呢？锻炼自己就是要吃苦嘛。

A：话虽然这么说，可是遇到困难时，还是有点儿想家，尽管也知道不可能再像以前那样一直过舒服日子了。

B：我觉得对年轻人来说，吃点儿苦有好处。

A：你怎么跟我爸爸说的一样？我爸爸总对我说，年轻人吃点儿苦，就是财富（cáifù，ทรัพย์）。我真不明白，苦怎么会是财富呢？

B：吃得苦中苦，才有甜上甜嘛。

词汇表

สรุปคำศัพท์

A	爱恋	àiliàn	(动)	รักชอบ	8
	安定	āndìng	(形、动)	มั่นคงแน่นอน ตั้งตัวได้มั่นคง	13
	安慰	ānwèi	(动)	ปลอบประโลม ปลอบโยน	12
B	白	bái	(副)	โดยเปล่า เปล่าๆ ฟรี	6
	百姓	bǎixìng	(名)	ประชาชน ชาวบ้าน	13
	半死不活	bànsǐ-bùhuó		จะตายแหล่มิตายแหล่	6
	报仇	bào chóu	(动)	แก้แค้น	10
	爆	bào	(动)	ระเบิด	12
	背	bēi	(动)	แบก แบกไว้บนหลัง	9
	被子	bèizi	(名)	ผ้าห่มนวม	12
	蹦	bèng	(动)	กระโดดโลดเต้น	6
	编辑	biānjí	(名、动)	บรรณาธิการ ทำงานตรวจแก้หนังสือหรืองานสื่อสิ่งพิมพ์	13
	标准	biāozhǔn	(名、形)	มาตรฐาน	9
	表达	biǎodá	(动)	แสดงออก แสดงให้เห็น	1
	表情	biǎoqíng	(名)	สีหน้า	6
	表示	biǎoshì	(动)	แสดงถึง แสดงออก (ความรู้สึก) การแสดงออก	2
	宾馆	bīnguǎn	(名)	โรงแรม	4
	冰激凌	bīngjīlíng	(名)	ไอศกรีม	12
	并	bìng	(副)	(ไม่)... เลย (วางหน้าคำบอกความปฏิเสธเพื่อเน้นการปฏิเสธ)	6
	不料	búliào	(连)	โดยไม่คาดคิด	6
	不管	bùguǎn	(连)	ไม่ว่าจะ ไม่ว่า...ก็ตาม	7
	不约而同	bùyuē'értóng		พร้อมกันโดยไม่ได้นัดหมาย	11

汉语教程（第3版 泰文版）第三册 上
แบบเรียนภาษาจีน 3 เล่ม 1 (ฉบับภาษาไทย พิมพ์ครั้งที่ 3)

不知不觉	bùzhī-bùjué		โดยไม่ทันรู้ตัว โดยไม่รู้เนื้อรู้ตัว	8
部分	bùfen	（名）	ส่วน ภาคส่วน	3
C 彩虹	cǎihóng	（名）	สายรุ้ง	4
操作	cāozuò	（动）	ใช้งาน (อุปกรณ์)	10
草原	cǎoyuán	（名）	ทุ่งหญ้า	11
差	chà	（形）	แย่	7
场	cháng	（量）	รอบ (คำลักษณนามที่ใช้กับกิจกรรมหรือเหตุการณ์)	3
唱片	chàngpiàn	（名）	แผ่นเสียง	11
朝	cháo	（介）	ไปทาง ไปยังทิศทาง	11
吵架	chǎo jià	（动）	ทะเลาะ	6
车胎	chētāi	（名）	ยางรถ	12
成功	chénggōng	（动、形）	ประสบความสำเร็จ สำเร็จ	4
成就	chéngjiù	（名）	ความสำเร็จ	13
成语	chéngyǔ	（名）	สำนวน สุภาษิต	7
诚心诚意	chéngxīn-chéngyì		ด้วยความซื่อสัตย์และจริงใจ	12
程序	chéngxù	（名）	โปรแกรม กระบวนการ	10
橙红	chénghóng	（形）	สีแสด	11
吃力	chīlì	（形）	กินแรง ใช้แรงเยอะ	12
吃力不讨好	chīlì bù tǎohǎo		ทำคุณใครไม่ขึ้น	12
充满	chōngmǎn	（动）	เต็มไปด้วย	3
出气	chū qì	（动）	ระบายอารมณ์	10
出事	chū shì	（动）	เกิดเรื่อง มีปัญหา	13
初中	chūzhōng	（名）	มัธยมศึกษาตอนต้น	13
橱窗	chúchuāng	（名）	ตู้โชว์สินค้า	2
传	chuán	（动）	ส่งทอด ถ่ายทอด แพร่กระจาย	6
船	chuán	（名）	เรือ	3
串	chuàn	（量）	พวง (คำลักษณนามของพวงองุ่น สิ่งที่เป็นพวงหรือสิ่งที่ร้อยไว้ด้วยกัน)	6
吹	chuī	（动）	เป่า	7

吹牛	chuī niú	（动）	คุยโว อวดอ้าง	7
春装	chūnzhuāng	（名）	เสื้อผ้าสำหรับฤดูใบไม้ผลิ	3
慈善家	císhànjiā		นักกิจกรรมการกุศล ผู้ใจบุญ	9
刺	cì	（动）	เสียบ แทง	7
聪明	cōngming	（形）	ฉลาด	8
从	cóng	（副）	ตั้งแต่ไหนแต่ไรมา	4
从此	cóngcǐ	（副）	นับจากนั้น	10
从前	cóngqián	（名）	แต่ก่อน	7
粗	cū	（形）	(มอง) ผ่านๆ ไม่ละเอียด หยาบๆ	5
存在	cúnzài	（动）	มีอยู่	11
D 打	dǎ	（动）	ตี โจมตี	3
打交道	dǎ jiāodao		ติดต่อคบหา	5
打气	dǎ qì	（动）	เติมลม (ให้ยางรถ)	12
打雪仗	dǎ xuězhàng		เล่นปาหิมะใส่กัน เล่นสงครามปาหิมะ	3
打印机	dǎyìnjī	（名）	เครื่องพิมพ์เอกสาร	10
打招呼	dǎ zhāohu		ทักทาย	5
大方	dàfang	（形）	ใจกว้าง	8
大街	dàjiē	（名）	ถนน	3
待	dāi	（动）	อยู่	8
带	dài	（动）	ดูแลเลี้ยงดู (ลูก)	13
担当	dāndāng	（动）	รับหน้าที่	10
单亲	dānqīn	（形）	(ครอบครัว) ที่เลี้ยงเดี่ยว	13
单身	dānshēn	（名）	คนโสด	12
淡	dàn	（形）	บางๆ อ่อนๆ (ไม่เข้มข้น)	8
当	dāng	（介）	เมื่อ	6
当初	dāngchū	（名）	แรกเริ่ม ในตอนต้น	9
当时	dāngshí	（名）	ในเวลานั้น ในระหว่างนั้น	4
当作	dàngzuò	（动）	ใช้เป็น เอามาเป็น	10
到底	dàodǐ	（副）	(อะไร อย่างไร) กันแน่ ท้ายที่สุด	9

道	dào	（动）	กล่าว พูด	12
道路	dàolù	（名）	เส้นทาง ทาง	4
道歉	dào qiàn	（动）	ขออภัย ขอโทษ	12
道谢	dào xiè	（动）	กล่าวขอบคุณ	12
得到	dé dào	（动）	ได้รับ	9
得意	déyì	（形）	ได้ใจ ปลื้มเปรมใจ	12
等	děng	（助）	เป็นต้น	2
等待	děngdài	（动）	รอคอย	5
瞪	dèng	（动）	ถมึงตา	12
低	dī	（形）	ต่ำ	6
低声	dī shēng		เสียงต่ำ	6
地	dì	（名）	ที่ดิน พื้นดิน	13
地道	dìdao	（形）	ต้นตำรับ ขนานแท้ ได้มาตรฐาน	5
地面	dìmiàn	（名）	บนพื้นผิวถนน บนพื้นผิวดิน	5
地球	dìqiú	（名）	โลก (ที่เป็นดาวเคราะห์) ดาวโลก	11
地区	dìqū	（名）	เขต บริเวณ (ที่เป็นเขตกว้างๆ)	3
地图	dìtú	（名）	แผนที่	4
电子信箱	diànzǐ xìnxiāng		กล่องข้อความอีเมล	8
丢	diū	（动）	ทิ้ง วางลง ทำหาย	7
冬衣	dōngyī	（名）	เสื้อผ้าสำหรับฤดูหนาว	3
懂事	dǒng shì	（形）	รู้ความ เข้าใจเหตุผล	13
冻	dòng	（动）	แข็งตัวเป็นน้ำแข็ง หนาวจนเยือกเย็น	3
逗	dòu	（动）	ยั่วเย้า หยอกให้หัวเราะ	1
毒药	dúyào	（名）	ยาพิษ	6
独立	dúlì	（动）	ด้วยตัวของตัวเอง อิสรภาพ	1
独生女	dúshēngnǚ	（名）	ลูกสาวคนเดียว	1
独奏	dúzòu	（动）	บรรเลงเดี่ยว	7
段	duàn	（量）	ช่วง (คำลักษณนามของช่วงเวลา ระยะทาง ข้อความ เป็นต้น)	4
堆	duī	（动）	ก่อ ก่อให้สูงขึ้น กองขึ้นไป	3

词汇表

堆雪人(儿)	duī xuěrénr		ปั้นตุ๊กตาหิมะ ก่อตุ๊กตาหิมะ	3
对面	duìmiàn	(名)	ด้านตรงข้าม ตรงกันข้าม	4
对于	duìyú	(介)	สำหรับ	1
盾	dùn	(名)	โล่	7
多半	duōbàn	(副)	มีโอกาสอย่างมากที่จะ	1
多么	duōme	(副)	แค่ไหน ขนาดไหน (แสดงความหมายระดับที่สูงมาก)	3
E 儿女	érnǚ	(名)	บุตรธิดา ลูกชายหญิง	9
儿子	érzi	(名)	ลูกชาย	7
而	ér	(连)	หากแต่ แต่ก็ (สามารถใช้เชื่อมส่วนประกอบถ้อยความทั้งที่มีความหมายขัดแย้งกันและทั้งที่มีความหมายเกี่ยวเนื่องไปทางเดียวกันด้วย)	1
F 发动	fādòng	(动)	ติดเครื่อง (รถยนต์)	5
翻来覆去	fānlái-fùqù		พลิกไปพลิกมา พลิกตัวไปมา	8
反而	fǎn'ér	(副)	กลับ...เสียด้วยซ้ำไป	13
反问	fǎnwèn	(动)	ย้อนถาม	10
犯	fàn	(动)	กระทำผิด	10
方向	fāngxiàng	(名)	ทิศทาง	5
放心	fàng xīn	(动)	วางใจ	1
飞碟	fēidié	(名)	จานบิน	11
分别	fēnbié	(副)	แบ่งออกเป็น	2
分别	fēnbié	(动)	แยกจาก จากลา	4
分享	fēnxiǎng	(动)	แบ่งปัน	6
愤怒	fènnù	(形)	โกรธโมโห	10
风雨	fēngyǔ	(名)	ลมฝน อุปมาว่าชีวิตที่โชกโชน	4
封	fēng	(量)	ฉบับ (คำลักษณนามของจดหมาย)	2
锋利	fēnglì	(形)	คม แหลมคม	7
抚养	fǔyǎng	(动)	เลี้ยงดู	9
付	fù	(动)	จ่าย (เงินหรือค่าตอบแทน)	5

付出	fùchū	（动）	จ่ายออกไป (ใช้กับ เงิน ค่าตอบแทน เวลา แรงกาย เป็นต้น)	4
复印机	fùyìnjī	（名）	เครื่องถ่ายเอกสาร	10
副	fù	（量）	คำลักษณนามสำหรับท่าทาง ลักษณะ	7
副业	fùyè	（名）	อาชีพเสริม	13
富强	fùqiáng	（形）	รุ่งเรืองแข็งแกร่ง	9
富翁	fùwēng	（名）	มหาเศรษฐี	9
G 改变	gǎibiàn	（动）	เปลี่ยนแปลง	1
改天	gǎitiān	（副）	วันหลัง	10
尴尬	gāngà	（形）	กระอักกระอ่วน ประดักประเดิด	6
感激	gǎnjī	（动）	ซาบซึ้ง สำนึกในน้ำใจ	9
高声	gāo shēng		เสียงสูง	6
高中	gāozhōng	（名）	มัธยมศึกษาตอนปลาย	13
歌手	gēshǒu	（名）	นักร้อง	13
隔壁	gébì	（名）	ข้างๆ ที่อยู่ติดกัน	6
个人	gèrén	（名）	ส่วนบุคคล ส่วนตัว	9
个子	gèzi	（名）	รูปร่าง	2
根本	gēnběn	（副、名、形）	โดยสิ้นเชิง พื้นฐาน รากฐาน	7
更加	gèngjiā	（副）	เพิ่มขึ้น มากขึ้น	12
工程	gōngchéng	（名）	โครงการ	9
公开	gōngkāi	（动、形）	เปิดเผย เป็นที่รับรู้	8
公里	gōnglǐ	（量）	กิโลเมตร	11
姑娘	gūniang	（名）	หญิงสาว เด็กสาว	3
古老	gǔlǎo	（形）	เก่าแก่โบราณ	1
鼓励	gǔlì	（动）	ให้กำลังใจ	4
顾客	gùkè	（名）	ลูกค้า	7
瓜	guā	（名）	ผลของพืชประเภทแตง ฟักแฟง	3
刮目相看	guāmù-xiāngkàn		หันมามองใหม่ เปลี่ยนมุมมองต่อ...	10
关心	guānxīn	（动）	เป็นห่วง เอาใจใส่	2

词汇表
สรุปคำศัพท์

光束	guāngshù	(名)	ลำแสง	11
逛	guàng	(动)	เดินเล่น เดินเตร่	12
国外	guówài		ต่างชาติ ต่างประเทศ	1
国王	guówáng	(名)	พระเจ้าแผ่นดิน กษัตริย์	7
果	guǒ	(名)	ผลไม้	3
果然	guǒrán	(副)	(แล้ว) ก็...จริงๆ แล้วก็เป็นเช่นนั้นจริงๆ ผลปรากฏว่า...จริงๆ	1
H 哈哈大笑	hāhā-dàxiào		หัวเราะลั่น	1
喊	hǎn	(动)	ร้องตะโกน	7
好不	hǎobù	(副)	อย่างมาก ...ชะมัด	12
好玩儿	hǎowánr	(形)	สนุก	2
好像	hǎoxiàng	(副)	ดูเหมือนว่า	4
好心	hǎoxīn	(名)	จิตใจดี	9
好在	hǎozài	(副)	ยังดีที่	13
合奏	hézòu	(动)	บรรเลงแบบประสานเสียง	7
盒	hé	(量)	กล่อง (คำลักษณนาม)	12
横	héng	(动)	ทอดขวาง	11
横	héng	(动)	ทอดขวาง	12
红人	hóngrén	(名)	คนโปรดของเจ้านาย คนดัง	10
吼	hǒu	(动)	คำราม ตะคอก	12
后	hòu	(名)	หลังจาก	2
后来	hòulái	(名)	ต่อมา	5
湖	hú	(名)	ทะเลสาบ	3
划	huá	(动)	พาย (เรือ)	3
划船	huá chuán		พายเรือ	3
话题	huàtí	(名)	หัวข้อ ประเด็น (ในการสนทนา)	9
缓慢	huǎnmàn	(形)	เนิบช้า	2
黄	huáng	(形)	สีเหลือง	2
挥	huī	(动)	โบก กวัดแกว่ง	1

205

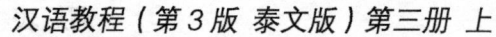

	回报	huíbào	（动）	ตอบแทน	9
	回答	huídá	（动）	ตอบ	5
	回头	huítóu	（副）	อีกประเดี๋ยว หลังจากนั้นอีกไม่นาน	5
	回忆	huíyì	（动）	หวนคิดถึง ย้อนคิด รำลึก	9
	混	hùn	（动）	ปะปน ปนเป มั่วๆ	7
	火锅（儿）	huǒguōr	（名）	หม้อไฟ	3
J	几乎	jīhū	（副）	แทบจะ เกือบจะ	5
	基本	jīběn	（形、副）	ขั้นพื้นฐาน ในระดับพื้นฐาน โดยรวม	2
	基本上	jīběnshang	（副）	โดยรวมแล้วนับว่า	2
	激动	jīdòng	（形）	ตื่นเต้น	11
	疾病	jíbìng	（名）	โรคภัยไข้เจ็บ	2
	技巧	jìqiǎo	（名）	ฝีมือ เทคนิค	10
	既……又……	jì…yòu…		ทั้ง...ทั้ง...	10
	既然	jìrán	（连）	ในเมื่อ	7
	加	jiā	（动）	บวก เพิ่ม	8
	加班	jiā bān	（动）	ทำงานนอกเวลา	10
	家伙	jiāhuo	（名）	เจ้าหมอนั่น ไอ้หนุ่มนั่น	8
	家教	jiājiào	（名）	ครูสอนพิเศษตามบ้าน	13
	家务	jiāwù	（名）	งานบ้าน	13
	价钱	jiàqian	（名）	ราคา	5
	坚固	jiāngù	（形）	แน่นหนา แข็งแรง แข็งแกร่ง	7
	坚强	jiānqiáng	（形）	เข้มแข็ง แข็งแกร่ง	4
	艰苦	jiānkǔ	（形）	ยากลำบาก	4
	兼	jiān	（动）	ควบคู่กับ	13
	简直	jiǎnzhí	（副）	โดยแท้ โดยสิ้นเชิง	4
	见面	jiàn miàn	（动）	พบเจอ พบหน้า	5
	健康	jiànkāng	（形）	สุขภาพแข็งแรง	2
	渐渐	jiànjiàn	（副）	ค่อยๆ ทีละน้อยๆ	11

交	jiāo	（动）	คบเป็นเพื่อน	2
交谈	jiāotán	（动）	พูดคุยกัน	4
郊外	jiāowài	（名）	ชานเมือง	3
叫卖	jiàomài	（动）	ร้องขาย	7
接	jiē	（动）	รับ	13
今后	jīnhòu	（名）	วันหลัง ในวันข้างหน้า	1
尽管	jǐnguǎn	（连、副）	ถึงแม้ว่า ... ได้เต็มที่	12
尽量	jǐnliàng	（副）	พยายามเต็มที่ พยายามอย่างยิ่ง	8
经历	jīnglì	（动、名）	ผ่านประสบการณ์ ประสบการณ์	4
惊呆	jīngdāi		ตื่นตะลึง อึ้งตะลึง	11
景色	jǐngsè	（名）	ทัศนียภาพ วิว ทิวทัศน์	3
警惕	jǐngtì	（动）	ระแวดระวัง	6
竟然	jìngrán	（副）	กลับ ดัน	6
举	jǔ	（动）	ชูขึ้น ยกขึ้น	7
巨大	jùdà	（形）	ใหญ่มหึมา	11
捐	juān	（动）	บริจาค	9
君子	jūnzǐ	（名）	สุภาพบุรุษ ผู้ดี	10
K 开朗	kāilǎng	（形）	(ความคิด จิตใจ นิสัย) มองโลกในแง่ดี สนุกสนานร่าเริง	8
开夜车	kāi yèchē		ทำงานจนดึกดื่น	10
考虑	kǎolǜ	（动）	คิดพิจารณา	1
颗	kē	（量）	เม็ด (คำลักษณนามของสิ่งที่มีลักษณะเป็นเม็ดกลม)	6
可能性	kěnéngxìng	（名）	ความเป็นไปได้	11
可笑	kěxiào	（形）	น่าหัวเราะ น่าขัน น่าตลก	4
刻苦	kèkǔ	（形）	อย่างพากเพียร อย่างมานะบากบั่น	10
课外	kèwài	（名）	นอกชั้นเรียน	2
口头语	kǒutóuyǔ	（名）	คำพูดติดปาก	5
快速	kuàisù	（形）	รวดเร็ว	11
筷子	kuàizi	（名）	ตะเกียบ	2

L

拉链（儿）	lāliànr	（名）	ซิป	12
来	lái	（名）	ที่ผ่านมา	6
来自	láizì	（动）	มาจาก	2
滥竽充数	lànyú-chōngshù		เอาแคนเพี้ยนมาสวมรอย อุปมาถึงการมั่วแปลกปลอมเข้าไปในกลุ่ม	7
老大	lǎodà	（名）	ลูกคนโต	13
愣	lèng	（动）	ตะลึงงัน อึ้ง	5
离别	líbié	（动）	จากลา	1
离婚	lí hūn	（动）	หย่าร้าง	9
理	lǐ	（动）	สน สนใจ (ใช้ในเชิงลบ)	5
理想	lǐxiǎng	（名、形）	อุดมคติ อุดมการณ์	4
立刻	lìkè	（副）	ทันที	8
连忙	liánmáng	（副）	รีบ รีบเร่ง รีบรุด	11
连声	liánshēng	（副）	(พูดหรือร้อง) ติดกันหลายครั้ง (พูดหรือร้อง) เป็นพัลวัน	12
联系	liánxì	（动）	ติดต่อ	1
脸	liǎn	（名）	หน้า ใบหน้า	9
恋爱	liàn'ài	（动、名）	มีความรัก	8
恋恋不舍	liànliàn-bùshě		อาลัยอาวรณ์ไม่อยากจากกัน	1
料	liào	（动）	คาดไว้	8
邻	lín		ที่อยู่ติดกัน ที่อยู่ข้างๆ	5
邻居	línjū	（名）	เพื่อนบ้าน	6
林荫道	línyīndào	（名）	ถนนที่สองข้างทางมีต้นไม้ร่มรื่น	12
临	lín	（介）	ตอนที่ใกล้จะ... จวนจะ...	1
临了（儿）	línliǎor	（副）	สุดท้าย ในตอนท้าย	5
领导	lǐngdǎo	（名）	ผู้นำ ผู้บังคับบัญชา หัวหน้า	6
溜	liū	（动）	แอบหนี ดอดหนีไป	7
留	liú	（动）	เหลือเอาไว้ก่อน เก็บเอาไว้ก่อน	10
露	lù	（动）	เผยให้เห็น เปิดให้เห็น	6

路	lù	（名）	สายรถประจำทาง ถนน	5
旅途	lǚtú	（名）	ในระหว่างเดินทาง	4
落	luò	（动）	ตก ตกร่วงลงมา	11
M 马大哈	mǎdàhā	（名）	คนที่สะเพร่าขี้หลงขี้ลืม	12
埋怨	mányuàn	（动）	บ่น ต่อว่า	10
瞒	mán	（动）	ปิดบัง	1
毛病	máobìng	（名）	ปัญหา ความผิดปกติ ข้อบกพร่อง	10
矛	máo	（名）	หอก	7
矛盾	máodùn	（动、形、名）	ขัดแย้ง ความขัดแย้ง	7
贸易	màoyì	（名）	การค้า	10
没脸	méi liǎn	（动）	ไม่มีหน้าที่จะ...	13
没准儿	méi zhǔnr	（动）	ไม่แน่ว่า	5
每	měi	（副）	ทุกๆ ทุก (ครั้ง)	3
美	měi	（形）	สวยงาม งดงาม	3
美好	měihǎo	（形）	ดีงาม งดงาม	9
美丽	měilì	（形）	สวยงาม งดงาม	3
梦	mèng	（名、动）	ความฝัน ฝัน	4
梦想	mèngxiǎng	（名、动）	ความใฝ่ฝัน ใฝ่ฝัน	4
秘密	mìmì	（名）	ความลับ	8
免得	miǎnde	（连）	จะได้ไม่...	12
免费	miǎn fèi	（动）	ฟรี ไม่ต้องเสียเงิน	10
民航	mínháng	（名）	การบินพลเรือน	5
名片	míngpiàn	（名）	นามบัตร	5
明白	míngbai	（动、形）	เข้าใจแจ่มแจ้ง รู้ชัด	11
默默	mòmò	（副）	อย่างเงียบๆ	8
N 拿	ná	（介）	เอา... (มา) (คำบุพบทที่ใช้นำวนำเป่าที่จะกระทำ)	3
哪怕	nǎpà	（连）	ต่อให้	13
男孩儿	nánháir	（名）	เด็กผู้ชาย เด็กหนุ่ม	8

	男朋友	nánpéngyou	（名）	แฟนหนุ่ม แฟน (ที่เป็นเพศชาย)	8
	难得	nándé	（形）	ที่หาได้ยาก	11
	难免	nánmiǎn	（形）	ยากที่จะหลีกเลี่ยง ไม่พ้นที่จะ... หลีกเลี่ยงไม่ได้ที่จะ...	12
	内	nèi	（名）	ภายใน	13
	能力	nénglì	（名）	ความสามารถ	10
	鸟	niǎo	（名）	นก	1
	捏	niē	（动）	บีบ	6
	农活儿	nónghuór	（名）	งานในท้องไร่ท้องนา งานการเกษตร	13
	弄	nòng	（动）	ทำ จัดการ	10
	女儿	nǚ'ér	（名）	ลูกสาว	4
	女孩儿	nǚháir	（名）	เด็กผู้หญิง เด็กสาว	8
	女朋友	nǚpéngyou	（名）	แฟนสาว แฟน (ที่เป็นเพศหญิง)	8
O	偶然	ǒurán	（副、形）	โดยบังเอิญ	10
P	趴	pā	（动）	นอนพังพาบ นอนคว่ำไปบนพื้น	12
	拍	pāi	（动）	ถ่าย (รูป)	2
	拍	pāi	（动）	ตีด้วยมือ ตบ	10
	陪读	péidú	（动）	เรียนเป็นเพื่อน	13
	赔	péi	（动）	ชดใช้ (ค่าเสียหาย)	12
	砰	pēng	（拟）	ปึ้ง (เสียงกระแทกกันหรือของหนักตกลงบนพื้น)	12
	捧	pěng	（动）	ประคองด้วยสองมือ	8
	拼命	pīn mìng	（副）	อย่างสุดชีวิต อย่างสุดกำลัง	1
	贫穷	pínqióng	（形）	ยากจนข้นแค้น	9
	平安	píng'ān	（形）	สงบสุข อยู่เย็นเป็นสุข	3
	平淡	píngdàn	（形）	(กล่าว) เรียบๆ	5
	葡萄	pútao	（名）	องุ่น	6
	普通	pǔtōng	（形）	ธรรมดา ทั่วๆไป	8
Q	其实	qíshí	（副）	ที่จริงแล้ว	5
	其中	qízhōng	（名）	ในบรรดาสิ่งเหล่านั้น หนึ่งในนั้น	7

词汇表
สรุปคำศัพท์

起劲（儿）	qǐjìnr	（形）	คึกคักแรง	12
气筒	qìtǒng	（名）	กระบอกสูบลม	12
敲	qiāo	（动）	เคาะ	8
瞧	qiáo	（动）	ดู มอง	7
亲爱	qīn'ài	（形）	ที่รัก	3
亲切	qīnqiè	（形）	อย่างสนิทสนม เป็นกันเอง	8
亲人	qīnrén	（名）	ญาติพี่น้อง	4
勤劳	qínláo	（形）	ขยันหมั่นเพียร มุมานะบากบั่น มุมานะพากเพียร	3
青年	qīngnián	（名）	วัยรุ่น คนหนุ่มสาว	12
轻松	qīngsōng	（形）	สบาย สบายใจ ไม่ตึงเครียด	3
晴	qíng	（形）	ฟ้าแจ้ง มีแดด	12
穷	qióng	（形）	จน ยากจน	9
取得	qǔdé	（动）	ได้รับ ได้มา	4
去世	qùshì	（动）	ถึงแก่กรรม เสียชีวิต	13
权力	quánlì	（名）	อำนาจ	9

R

热爱	rè'ài	（动）	รักอย่างลึกซึ้ง	3
人生	rénshēng	（名）	ชีวิต (ของคนเรา) การดำรงชีวิตและการดำรงอยู่ของบุคคล	4
任何	rènhé	（代）	(สิ่งใด คนใด) ก็ตาม	7
仍然	réngrán	（副）	ยังคง	8
日子	rìzi	（名）	วันเวลา	5
柔和	róuhé	（形）	นุ่มนวล ละมุนละไม	2
如今	rújīn	（名）	ทุกวันนี้ ปัจจุบันนี้	3
入迷	rù mí	（动）	เคลิบเคลิ้ม	7
入睡	rùshuì	（动）	เข้านอน	11
瑞雪兆丰年	ruìxuě zhào fēngnián		หิมะที่ตกตรงตามฤดูกาลเป็นนิมิตรหมายว่าเป็นปีที่การเก็บเกี่ยวจะอุดมสมบูรณ์	3

211

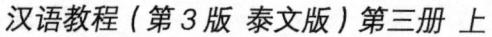

塞	sāi	（动）	ยัด	1
森林	sēnlín	（名）	ป่า ป่าไม้	11
闪	shǎn	（动）	กระพริบ	11
善良	shànliáng	（形）	จิตใจดีงาม	3
商业	shāngyè	（名）	ธุรกิจ	10
上	shàng	（名）	...ที่แล้ว ...ก่อน	2
设计	shèjì	（动）	ออกแบบ	10
身边	shēnbiān	（名）	ข้างกาย	13
神奇	shénqí	（形）	น่าอัศจรรย์	11
甚至	shènzhì	（连）	แม้กระทั่ง	10
升职	shēng zhí	（动）	เลื่อนตำแหน่ง	10
生物	shēngwù	（名）	สิ่งมีชีวิต	11
生意	shēngyi	（名）	การค้า ธุรกิจ	6
失败	shībài	（动）	พ่ายแพ้	4
失恋	shī liàn	（动）	อกหัก	8
失去	shīqù	（动）	สูญเสีย	4
失学	shī xué	（动）	ไม่ได้เรียนหนังสือต่อ	9
诗	shī	（名）	บทกลอน บทกวี	2
实话	shíhuà	（名）	คำพูดตามความเป็นจริง ความจริง ความเป็นจริง	1
实现	shíxiàn	（动）	ทำให้เป็นจริง	1
实在	shízài	（形、副）	ตรงตามจริง จริงๆ	5
事情	shìqing	（名）	เรื่อง	1
视频	shìpín	（名）	คลิปภาพเคลื่อนไหว การโทรศัพท์คุยแบบเห็นหน้า	1
适应	shìyìng	（动）	ปรับตัว	2
收	shōu	（动）	เก็บ รับไว้	12
收成	shōucheng	（名）	การเก็บเกี่ยว ผลการเก็บเกี่ยว	3
收获	shōuhuò	（名、动）	ผลเก็บเกี่ยว เก็บเกี่ยว	6
收入	shōurù	（名）	รายได้	9

手指	shǒuzhǐ	（名）	นิ้วมือ	6
守	shǒu	（动）	เฝ้าไว้	13
书包	shūbāo	（名）	กระเป๋าหนังสือ	9
书画	shūhuà	（名）	การเขียนอักษรจีนและวาดภาพ	2
舒展	shūzhǎn	（动）	ยืด แผ่ออกไป	2
熟练	shúliàn	（形）	คล่อง เชี่ยวชาญ ชำนาญ	10
熟悉	shúxi	（动）	คุ้นเคย	5
数	shǔ	（动）	นับ (จำนวน) นับ (หรือเปรียบเทียบแล้ว) โดดเด่นที่สุด	3
束	shù	（量）	ช่อ (คำลักษณนามของช่อดอกไม้)	8
甩	shuǎi	（动）	ทิ้ง โยนทิ้ง	8
双	shuāng	（量）	คู่ (คำลักษณนามของสิ่งที่เป็นคู่ เช่น ดวงตา รองเท้า เป็นต้น)	12
双职工	shuāngzhígōng	（名）	คู่สามีภรรยาที่ออกทำงานทั้งคู่	12
顺路	shùnlù	（副、形）	ทางเดียวกัน	5
死	sǐ	（动、形）	ตาย	7
速度	sùdù	（名）	ความเร็ว	11
酸甜苦辣	suān-tián-kǔ-là		เปรี้ยว หวาน ขม เผ็ด อุปมาว่าชีวิตที่มีทั้งทุกข์และสุข	4
所	suǒ	（量）	แห่ง (คำลักษณนามของมหาวิทยาลัย บริษัท โรงพยาบาล เป็นต้น)	4
T 太太	tàitai	（名）	ภรรยา	5
太阳	tàiyáng	（名）	พระอาทิตย์	11
态度	tàidù	（名）	ทัศนคติ ท่าที	10
讨好	tǎo hǎo	（动）	เอาใจ ประจบ	12
提高	tígāo	（动）	พัฒนา ยกระดับ	10
体质	tǐzhì	（名）	พื้นฐานสุขภาพร่างกาย	2
天空	tiānkōng	（名）	กลางอากาศ กลางท้องฟ้า	11
条件	tiáojiàn	（名）	เงื่อนไข	9
跳	tiào	（动）	กระโดด ดีด เด้ง เต้น	6

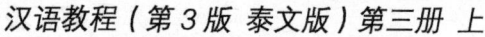

	听从	tīngcóng	（动）	เชื่อฟัง ทำตาม	10
	听话	tīng huà	（形）	เชื่อฟัง ว่านอนสอนง่าย	13
	同时	tóngshí	（名）	ขณะเดียวกัน	5
	统一	tǒngyī	（形、动）	(ลักษณะ) ร่วมกัน รวมเป็นหนึ่งเดียวกัน	9
	痛快	tòngkuai	（形）	ตรงไปตรงมา โผงผาง ไม่อ้อมค้อม	11
	头儿	tóur	（名）	หัวหน้า	10
	透	tòu	（动）	ทะลุ	7
	突然	tūrán	（形）	จู่ๆ ทันใด	8
	团结	tuánjié	（形）	สามัคคี	2
	推	tuī	（动）	ผลัก	12
	推辞	tuīcí	（动）	บอกปัด ปฏิเสธ (คำเชิญ การนัดหมาย ของขวัญ เป็นต้น)	5
	退缩	tuìsuō	（动）	ถอยหนี หดกลัว	4
	脱	tuō	（动）	ถอดออก	3
W	外交	wàijiāo	（名）	การทูต ความสัมพันธ์ระหว่างประเทศ	8
	完全	wánquán	（副、形）	โดยสิ้นเชิง ทั้งหมดทุกส่วน	9
	望	wàng	（动）	มอง ชะเง้อมองไกลๆ	1
	微笑	wēixiào	（名、动）	ยิ้ม	8
	围	wéi	（动）	พันรอบ ล้อม โอบล้อม โอบรอบ	3
	味道	wèidao	（名）	รสชาติ	11
	温暖	wēnnuǎn	（形）	อบอุ่น	5
	文件	wénjiàn	（名）	เอกสาร	10
	问候	wènhòu	（动）	ถามสารทุกข์สุขดิบ ทักทาย	8
	无比	wúbǐ	（动）	ไม่มีเปรียบ ไม่มีอะไรเทียบได้	7
	无聊	wúliáo	（形）	น่าเบื่อ รู้สึกเบื่อ	8
X	吸引	xīyǐn	（动）	ดึงดูด	7
	喜悦	xǐyuè	（形）	ปีติยินดี	6
	系	xì	（名）	สาขาวิชา	4
	吓	xià	（动）	ทำให้ตกใจ	7

词汇表

สรุปคำศัพท์

仙境	xiānjìng	(名)	แดนสวรรค์	11
鲜花	xiānhuā	(名)	ดอกไม้สด	3
鲜美	xiānměi	(形)	สดอร่อย	11
显得	xiǎnde	(动)	ปรากฏ (สภาพบางประการ)	3
想法	xiǎngfǎ	(名)	ความคิด ความเห็น	1
想念	xiǎngniàn	(动)	คิดถึง ระลึกถึง	1
向往	xiàngwǎng	(动)	ใฝ่หา (ด้วยความชื่นชมยินดีหรือด้วยความเลื่อมใสศรัทธา)	3
项	xiàng	(量)	รายการ (คำลักษณนามของสิ่งที่แบ่งเป็นรายการปลีกย่อยไป)	2
消息	xiāoxi	(名)	ข่าว ข่าวคราว	8
孝	xiào		กตัญญู	13
笑容	xiàoróng	(名)	รอยยิ้ม	9
心爱	xīn'ài	(形)	ที่มีใจให้ ที่รักชอบ	8
心事	xīnshì	(名)	ความในใจ เรื่องในใจ (ส่วนใหญ่จะหมายถึงเรื่องที่เป็นปัญหา)	4
心疼	xīnténg	(动)	รู้สึกสงสาร	12
薪	xīn	(名)	เงินเดือน	10
信心	xìnxīn	(名)	ความมั่นใจ ความเชื่อมั่น ความศรัทธา	4
星星	xīngxing	(名)	ดวงดาว	11
行为	xíngwéi	(名)	พฤติกรรม	9
性别	xìngbié	(名)	เพศ	13
姓名	xìngmíng	(名)	ชื่อ-สกุล	13
修理	xiūlǐ	(动)	ซ่อมแซม	10
许多	xǔduō	(数)	มากมาย	6
悬	xuán	(动)	แขวน ห้อย	11
选择	xuǎnzé	(动)	เลือก	4

215

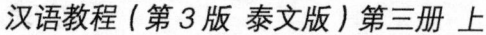

学院	xuéyuàn	（名）	วิทยาลัย	13
寻常	xúncháng	（形）	ที่ปกติธรรมดา	11
Y 压	yā	（动）	กด	12
眼泪	yǎnlèi	（名）	น้ำตา	1
羊肉	yángròu	（名）	เนื้อแกะ	11
养	yǎng	（动）	เลี้ยงดู	9
耀眼	yàoyǎn	（形）	สว่างจนแสบตา	11
叶子	yèzi	（名）	ใบไม้	6
一辈子	yíbèizi	（名）	ชั่วชีวิต ทั้งชาติ	13
以	yǐ	（介）	ถือเอา ใช้ อาศัย	13
以……为主	yǐ…wéi zhǔ		อาศัย...เป็นหลัก	13
以为	yǐwéi	（动）	เข้าใจว่า คิดว่า	11
一连	yìlián	（副）	ติดต่อกัน	8
一齐	yìqí	（副）	พร้อมกัน	7
一起	yìqǐ	（名）	ด้วยกัน ที่เดียวกัน	8
一时	yìshí	（名）	ช่วงระยะเวลาหนึ่ง ชั่วขณะหนึ่ง	13
意外	yìwài	（形、名）	ผิดคาด คาดไม่ถึง เหตุไม่คาดฝัน อุบัติเหตุ	6
意义	yìyì	（名）	ความหมาย ความสำคัญ	4
因此	yīncǐ	（连）	ด้วยเหตุนี้ ดังนั้น	1
阴	yīn	（形）	ฟ้าครึ้ม	12
拥有	yōngyǒu	（动）	มี มีไว้ในครอบครอง	9
永远	yǒngyuǎn	（副）	ชั่วนิรันดร์ โดยตลอดมา	9
优美	yōuměi	（形）	งดงาม สวยงาม	2
忧愁	yōuchóu	（形）	เป็นทุกข์ กลัดกลุ้ม	8
犹豫	yóuyù	（形）	ลังเล	5
游人	yóurén	（名）	คนที่มาท่องเที่ยว แขกที่มาท่องเที่ยว	3
友好	yǒuhǎo	（形）	มีความเป็นมิตร	3
有说有笑	yǒushuō-yǒuxiào		พูดคุยหัวเราะ หัวเราะต่อกระซิก	8

竽	yú		เครื่องดนตรีประเภทเครื่องเป่าแบบโบราณของจีน มีลักษณะคล้ายแคน	7
宇宙	yǔzhòu	（名）	จักรวาล	11
预防	yùfáng	（动）	ป้องกัน	2
愿	yuàn	（动）	หวังให้ ปรารถนาให้	3
愿望	yuànwàng	（名）	ความปรารถนา	1
乐队	yuèduì	（名）	คณะดนตรี	7
乐器	yuèqì	（名）	เครื่องดนตรี	7
Z 再说	zàishuō	（动）	ค่อยว่ากัน ค่อยคุยกัน	5
赞成	zànchéng	（动）	สนับสนุน เห็นด้วย	4
增强	zēngqiáng	（动）	เพิ่ม เสริม (ให้แข็งแกร่งขึ้น)	2
摘	zhāi	（动）	เด็ด	6
展出	zhǎnchū	（动）	แสดง จัดแสดง (นิทรรศการ)	2
站	zhàn	（动）	ยืน	2
丈夫	zhàngfu	（名）	สามี	6
招手	zhāo shǒu	（动）	กวักมือ	5
照顾	zhàogù	（动）	ดูแล	13
照亮	zhàoliàng		ส่องสว่าง	11
真正	zhēnzhèng	（形）	ที่แท้จริง	6
整个	zhěnggè	（形）	ทั้งหมด ทั้ง... ตลอด...	8
之后	zhīhòu	（名）	หลังจากนั้น	5
职业	zhíyè	（名）	อาชีพ	13
只见	zhǐ jiàn		เห็นแค่เพียง	11
指	zhǐ	（动）	ชี้ ชี้นิ้ว	12
至今	zhìjīn	（副）	จนถึงปัจจุบัน จนถึงทุกวันนี้	5
至于	zhìyú	（介）	สำหรับ ส่วนเรื่อง...	5
智能	zhìnéng	（名）	ปัญญา	11
终于	zhōngyú	（副）	ในที่สุด	1
种地	zhòng dì	（动）	ทำนา ทำเกษตรกรรม	13

 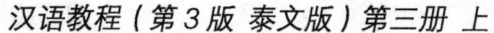

重任	zhòngrèn	（名）	ภาระสำคัญ หน้าที่สำคัญ	10
重视	zhòngshì	（动）	ให้ความสำคัญ	10
洲	zhōu	（名）	ทวีป	2
竹子	zhúzi	（名）	ต้นไผ่	2
主动	zhǔdòng	（形）	เป็นฝ่ายรุก เป็นฝ่ายกระทำ	5
嘱咐	zhǔfù	（动）	กำชับ	1
注视	zhùshì	（动）	มองจ้องอย่างพิจารณา	6
著名	zhùmíng	（形）	มีชื่อเสียงโด่งดัง	4
抓	zhuā	（动）	ใช้มือหยิบ คว้าจับ	11
专	zhuān	（副）	โดยเฉพาะ	7
专业	zhuānyè	（名、形）	วิชาเอก วิชาเฉพาะ มืออาชีพ	4
装	zhuāng	（动）	เสแสร้ง แสร้งทำ	9
滋味（儿）	zīwèir	（名）	รสชาติ (ความรู้สึก)	8
紫	zǐ	（形）	สีม่วง	6
自	zì	（介）	จาก	2
自立	zìlì	（动）	ยืนด้วยลำแข้งของตัวเอง อยู่ด้วยตัวเอง	13
自然	zìrán	（形、名）	เป็นธรรมชาติ ธรรมชาติ	8
自相矛盾	zìxiāng-máodùn		ขัดแย้งกันเอง	7
自在	zìzài	（形）	อิสระ ไม่ถูกผูกมัด สะดวก สบายใจ	1
总得	zǒngděi	（副）	ยังไงก็ต้อง	13
总之	zǒngzhī	（连）	สรุปแล้ว	13
走运	zǒu yùn	（形）	โชคช่วย	12
足	zú	（形）	เพียงพอ พอ	10
祖国	zǔguó	（名）	ประเทศบ้านเกิด มาตุภูมิ	9
嘴	zuǐ	（名）	ปาก	6
最初	zuìchū	（名）	ตอนแรกสุด	13
左顾右盼	zuǒgù-yòupàn		มองซ้ายแลขวา มองไปรอบๆ	5
作用	zuòyòng	（名、动）	ผล (ที่เกิดขึ้น) ผลการกระทำ ส่งผล ก่อให้เกิดผล	2

218

专有名词

ชื่อเฉพาะ

北海	Běi Hǎi	สวนสาธารณะเป่ยไห่	3
大刘	Dà Liú	ต้าหลิว (ชื่อคน)	11
大洋洲	Dàyángzhōu	ทวีปโอเชียเนีย	2
非洲	Fēizhōu	ทวีปแอฟริกา	2
复兴门	Fùxīng Mén	ฟู่ซิงเหมิน (ชื่อสถานที่ในปักกิ่ง)	5
高明	Gāo Míng	เกาหมิง (ชื่อคน)	13
国庆节	Guóqìng Jié	วันชาติ	3
建国门	Jiànguó Mén	เจี้ยนกั๋วเหมิน (ชื่อสถานที่ในปักกิ่ง)	5
克风	Kè Fēng	เค่อเฟิง (ชื่อคน)	13
李文	Lǐ Wén	หลี่เหวิน (ชื่อคน)	13
美洲	Měizhōu	ทวีปอเมริกา	2
南郭先生	Nánguō xiānsheng	นายหนานกัว	7
南京	Nánjīng	เมืองนานกิง เมืองหลวงของมณฑลเจียงซู	4
十三陵	Shísān Líng	สุสานราชวงศ์หมิง	3
唐	Táng	ราชวงศ์ถัง (ค.ศ. 618 – 907)	2
乌鲁木齐	Wūlǔmùqí	เมืองอูลุมชี เมืองหลวงของเขตปกครองตนเองซินเจียงอุยกูร์	11
西直门	Xīzhí Mén	ซีจื๋อเหมิน (ชื่อสถานที่ในปักกิ่ง)	5
希望工程	Xīwàng Gōngchéng	โครงการความหวัง	9
香山	Xiāng Shān	ภูเขาเซียงซาน	3
新疆	Xīnjiāng	เขตปกครองตนเองซินเจียงอุยกูร์ ประเทศจีน	11
亚洲	Yàzhōu	ทวีปเอเชีย	2
余辉	Yú Huī	อวี๋ฮุย (ชื่อคน)	8
赵霞	Zhào Xiá	จ้าวเสีย (ชื่อคน)	8
中国民航	Zhōngguó Mínháng	การบินพลเรือนของจีน (Civil Aviation Administration of China หรือ CAAC)	5

版权声明

《汉语教程》是一套对外汉语综合教材。本册中的部分选文来源于报纸、杂志等媒体。由于时间、地域、联系渠道等多方面的限制，部分选文使用前未能与所有权利人一一取得联系，同时因教学需要，我们对作品进行了必要的修改、调整。对此，我们深表歉意，并衷心希望得到权利人的理解和支持。另外，有些作品由于无法了解作者的信息而未署作者的姓名，也恳请权利人谅解。希望原文作者与编者联系，妥善解决版权问题。

编　者